DE LA

BOURSE

Extraits du Journal LE SPÉCULATEUR

1856 à 1857

PARIS
AU BUREAU DU SPÉCULATEUR
5, place de la Bourse, 5.

L'ÉCOLE DE LA BOURSE

L'ÉCOLE

DE LA

BOURSE

Extraits du Journal Le SPÉCULATEUR.

1856 à 1857

PARIS

AU BUREAU DU SPÉCULATEUR

5, place de la Bourse.

IMPRIMERIE D'AUBUSSON ET KUGELMANN
RUE DE LA GRANGE-BATELIÈRE, 13.

L'ÉCOLE DE LA BOURSE

I

Si quelque chose égale les séductions qu'offrent les spéculations de Bourse, c'est-à-dire les marchés au comptant et à terme, c'est, sans contredit, l'ignorance de la plupart des spéculateurs sur la manière dont s'opèrent les transactions.

Nous connaissons des capitalistes qui jouent depuis longtemps sans connaître les cartes de cette partie que beaucoup voudraient faire s'ils étaient initiés.

A la Bourse même, il y vient tous les jours des personnes qui ne comprennent qu'à demi la langue qui s'y parle.

Voici les mots les plus usités du vocabulaire de la spéculation :

Au comptant.
A terme,
Hausse.
Baisse.
Demandé.
Offert.
Premier cours, cours d'ouverture.
Cours moyen.

Deuxième cours, cours de fermeture.
Ferme contre prime.
Prime contre ferme.
Primes dont 10.
Primes dont 50.
Primes dont 1.
Découvert.
Liquidation du 15.
Liquidation de fin de mois.
Compensation.
Différence.
Arbitrage.
Exécution.
Report.
Déport.
Du comptant à la liquidation.
D'une liquidation à l'autre.
Fonds publics
Actions de chemin de fer.
Valeurs industrielles.
Obligations.
Emprunt.
Souscription.
Emission.
Versement.
Primes.
Actions libérées.
Jouissance.
Intérêts.
Coupon détaché.
Dividende.
Valeur avec primes.
Valeur à remboursement.
Résidu.
Pair.
Au-dessous du pair.
Commune.
Parquet.
Coulisse.

Tel est le sommaire du cours de Bourse que nous ferons dans les premiers numéros du *Spéculateur*, et nous ne craignons pas de dire que notre Journal sera pour beaucoup d'une nécessité absolue.

II

On distingue deux sortes d'opérations de Bourse : les marchés au comptant et les marchés à terme.

Opérations au comptant.

Cette opération est la plus simple de toutes. Ces marchés, ainsi que l'indique leur nom, sont des contrats purs et simples, sans modalité de condition ou de temps, d'une exécution immédiate et définitive.

Ils n'admettent d'autres délais pour la livraison des effets ou le paiement du prix, que les délais fixés par la loi pour les titres au porteur ou pour les titres nominatifs. Ils s'accomplissent, pour les premiers, par l'échange pur et simple desdites valeurs, contre la somme ou espèces qui en forme le prix.

Ces marchés ont pour but, la plupart du temps, un placement de fonds.

Mais ils n'en sont pas moins soumis à cette loi de la spéculation qui porte l'acheteur et le vendeur à bien choisir le moment de leur vente ou de leur achat.

Ils prennent d'ailleurs un caractère spéculatif

plus marqué, quand l'acheteur et le vendeur, au lieu de s'en tenir à un placement de capitaux, cherchent à vendre plus cher que le prix d'achat, et à acheter moins cher que le prix de vente.

Paul croit à la hausse; il achète 15,000 fr. de rente 3 0/0 au cours de 75 fr. : c'est une somme de 375,000 fr. qu'il échange à l'instant contre une inscription de 15,000 fr.; ses prévisions sont justifiées, les cours s'élèvent à 77 fr. : il vend son inscription et en retire 385,000 fr. ou 10,000 fr. de bénéfice.

Pierre croit au contraire à la baisse. Il vend les rentes dont il est porteur, et attend, pour racheter, que les cours soient redescendus de manière à lui faire prévoir une hausse prochaine.

Ce genre d'opérations présente, on le voit, une complète sécurité pour le capitaliste qui peut s'y livrer; il est une voie certaine d'augmentation de fortune, mais il faut de grands capitaux pour le pratiquer.

Ces opérations peuvent cependant donner lieu à d'autres opérations plus compliquées qui en découlent. Ainsi un achat au comptant peut être suivi immédiatement d'une vente à terme ferme. L'opération est avantageuse, lorsque l'écart entre le comptant et le terme ferme se trouve assez considérable. Alors, si vous achetez du comptant pour revendre immédiatement ferme à terme, vous gagnez l'écart, n'ayant d'autre peine que de livrer en liquidation. Ainsi, supposons que le 3 0/0 soit à 70 fr. au comptant et fasse 70 fr. 50 cent. à terme, il est évident que si vous achetez 1,500 fr. au comptant et que vous les revendiez à terme, vous gagnez les 50 centimes de différence, soit 250 fr.

L'achat au comptant peut aussi être suivi d'un vente à terme et à prime, mais celle-ci est plue aléatoire en ce qu'elle expose l'acheteur à restes chargé de titres s'il n'est pas levé en liquidation r comme dans l'opération précédente, le bénéfice es:

dans l'écart entre les cours au comptant et ceux à prime, si on lève ; mais si la prime est abandonnée, le bénéfice se trouve réduit à la valeur de cette prime.

III

Achat et vente de fonds publics et de valeurs industrielles.

Avant de passer à la théorie du marché à terme, nous devons compléter ce que nous avons dit sur les opérations au comptant, en donnant l'explication de différents mots qui en ressortent : *Hausse.* —*Baisse.*— *Cours d'ouverture.* — *Cours moyen* — *Cours de fermeture.* — *Demandé.*— *Offert.*—*Commission.* — *Décrocher.* — *Limiter.* — *Au mieux.*— *Jouissance.*—*Intérêt.*—*Dividende.* — *Coupon détaché.*— *Pair.* — *Au dessous du pair.* — *Valeur avec primes.*—*Valeur à remboursement.*—*A remboursement et à primes.*—*Versement.*—100 *fr. payés.* —*Tout payé.*

La hausse et la baisse sur une valeur sont une position relative au cours de la veille. Le 3 0/0 a fermé hier à 72 fr., il ouvre aujourd'hui à 72 fr. 50 cent.; il y a donc 50 centimes de hausse sur le 3 0/0. S'il ouvre au contraire à 71 fr. 80 cent., il y a 20 centimes de baisse sur le cours précédent. S'il ouvre à 72 fr. et qu'il ferme à 72 fr. 70 cent., il y a 70 centimes de hausse à la Bourse du jour.

Le premier cours fait au son de la cloche, s'appelle *cours d'ouverture;* le cours fait à 3 heures, lorsque la cloche annonce la fin de la Bourse, s'appelle *dernier cours* ou *cours de fermeture.*

Entre ces deux cours il s'en fait nécessairement d'intermédiaires, si le 3 0/0 a débuté à 70 fr. et qu'il ferme à 71 fr., cette hausse d'un franc a été acquise le plus souvent cinq centimes par cinq centimes.

Il y a eu également des mouvements de recul et de reprise. Quand après une lutte de ce genre on est parvenu à faire monter ou baisser une valeur à un chiffre sans fraction, on appelle cela *décrocher ;* ainsi une bourse se traîne de 72 fr. 50 cent. à 72 fr. 90 cent.; mais si l'on parvient à faire 73 fr. 05 cent., on a décroché 73, et il arrive le plus souvent que le mouvement ascensionnel est dès lors décidé.

Les ordres de transactions au comptant passent des clients aux agents, rédigés en trois formules : soit à un cours fixé et que l'agent ne doit pas dépasser, c'est ce qu'on appelle *limiter* son ordre ; soit au *cours moyen :* le *cours moyen* est la manière la plus pratique de MM. les agents de change, elle répond à tous les soupçons des clients qui s'étonnent toujours qu'on ne leur ait pas acheté au plus bas et vendu au plus haut.

Le *cours moyen* est très-facile à établir. Si le 3 0/0 fait 72 fr. 15 cent. au plus bas et 72 fr. 30 cent. au plus haut, l'écart est de 15 cent., la moitié de 15 cent. est 7 cent. 1/2, ajoutez ces 7 cent. 1/2 à votre plus bas cours qui est 72 fr. 15 cent. et vous aurez 72 fr. 22 cent. 1/2 pour *cours moyen*.

Si le Credit Mobilier a fait au plus bas 1,550 fr., et au plus 1,560 fr., le *cours moyen* est 1,555 fr.

Lorsqu'un client n'a pas d'idée arrêtée sur le mouvement probable de la Bourse, ou qu'il s'en rapporte entièrement à l'habileté de son agent, il n'assigne pas de limite et donne son ordre d'achat ou de vente *au mieux* de ses intérêts.

Quand un agent dit : je prends à 72 fr., envoyez à 72 fr., le cours est *demandé*. Quand un agent dit: je donne à 72 fr. 5 cent., le cours de 72 fr. 5 cent.

est *offert*. Alors on dit le 3 0/0 fait 12 demandé et 5 offert; 12 est ici le diminutif de 72 fr., et 5 veut dire 5 cent. avec 72 fr.

Au comptant : la commission ou le courtage est sur les fonds publics, les chemins de fer et les valeurs qui dépassent 500 fr., de 1/8 0/0 pris sur le prix d'émission ou de 50 cent. par actions, quand les actions ne dépassent pas 500 fr., il faut ajouter à cette commission 35 cent pour le timbre du bordereau.

Le mot *jouissance* indique le jour à partir duquel les intérêts d'un titre commencent à compter.

Ainsi le 3 0/0 est jouissance du 22 décembre 1855 et le 4 1/2 0/0, jouissance du 22 septembre 1855. La Banque de France est jouissance de janvier, l'Orléans est jouissance d'octobre.

Les *intérêts* sont la somme fixée que l'on reçoit pour son argent à raison de 3 0/0, 4 0/0, ou 5 0/0.

Les *dividendes* sont la somme variable que vous donne votre part proportionnelle dans les bénéfices de la société dont vous êtes actionnaire.

On appelle *coupon détaché* la diminution qui s'opère dans la valeur d'un titre lorsque le jour du paiement des intérêts est arrivé ; ainsi sur le 3 0/0 on détache le coupon le 7 juin et le 7 décembre, c'est-à-dire que ce jour là si le 4 0/0 est à 72 fr. 50 c., il retombera à 70 fr., *coupon détaché*, puisqu'il ne bénéficie plus du cumul de ses intérêts; seulement dans cinq mois et demi son cours se trouvera naturellement augmenté des intérêts acquis.

Une valeur est *au pair* quand elle est cotée à son chiffre nominatif ou d'émission, et *au-dessous du pair* quand elle est cotée au-dessous de son chiffre d'émission.

Il n'y a pas de valeur strictement *au pair*, quand une valeur n'est pas *au-dessous du pair* elle fait presque toujours *prime*. Le Crédit Mobilier dont l'action est de 500 fr. fait à 1,555, 1,055 de prime.

Le Palais de l'Industrie dont l'action est de 100 fr. perd 25 fr., c'est-à-dire qu'elle se négocie à 75 fr.

Les valeurs à *remboursement* représentent particulièrement les *Obligations* qui sont créées à titre d'emprunt par une société dont le capital acquis par l'émission des actions ne suffit pas.

Les *Obligations* du Crédit foncier émisses à 1,000 f. sont remboursables à 1,200 fr. Les *Obligations* des Chemins de fer le sont généralement dans cette proportion, c'est une prime offerte aux souscripteurs ; les *Obligations* ne servant que des intérêts et n'ayant jamais droit aux dividendes.

On dit qu'il y a : soit 300 fr. de versés sur une action de 500 fr., sur laquelle il faut encore payer 200 fr. pour qu'elle soit libérée. Ainsi sur le Grand-Central dont l'action est de 500 fr. et qui fait aujourd'hui 640 fr., il n'y a que 350 fr. de payés. Pour acheter une action du Grand-Central, il faut donner la prime au-dessus de 500 fr., soit 140 fr. plus 350 fr., soit 490 fr.; ou plutôt, il faut déduire de 640 les 150 fr. qui restent à payer sur l'action de 500 fr., ce qui donne également 490.

Au contraire pour acheter des Palais dont le titre est de 100 fr., vous n'avez que 75 fr. à payer, puisque l'action perd 25 fr.

Libéré ou *tout payé*, au contraire s'applique au titre sur lequel il n'y a plus de versements à faire.

Il y a des Compagnies de Chemins de fer qui, après avoir émis des actions de 500 fr., sur lesquelles les actionnaires n'ont versé que 400 fr. les libèrent à ce chiffre; l'exploitation de la ligne ne nécessitant pas un capital plus élevé.

Des marchés au comptant nous allons passer aux marchés à terme, cette grande route ouverte à la fortune.

Au comptant on augmente son capital, à terme on s'en fait un.

IV

La seconde manière d'acheter ou de vendre des fonds publics et des valeurs industrielles est l'opération *à terme* qui elle-même offre deux voies :

Ferme et à *prime*.

Le marché à *terme* et *ferme* repose sur la convention réciproque que la livraison ou le paiement des valeurs négociées n'aura lieu qu'à une époque déterminée.

Pour les fonds publics, cette époque qu'on appelle *liquidation* est toujours fin du mois. Pour les chemins de fer et les valeurs industrielles elle a lieu tous les quinze jours.

Par ce moyen on opère à découvert : c'est-à-dire que l'on achète des rentes pour un capital que l'on ne possède pas, ou qu'on vend des rentes qu'on n'a pas; ces marchés s'écrivent et se signent de part et d'autre pour former un titre que l'on appelle *engagement*.

Ces transactions à terme, que quelques personnes s'obstinent à regarder comme défendues, dépassent, dans des proportions incalculables, sur les fonds publics et sur toutes les valeurs industrielles, les marchés au comptant.

Pour acheter 1,500 fr. de rentes 3 p. c. au comptant, soit à 73 fr., il faut un capital de 36,500 fr.; pour acheter 1,500 fr. de rentes 3 p. c. à terme, il faut une couverture de 1,000 fr. à 2,000 fr., ou tout simplement inspirer de la confiance à l'agent qui doit exécuter votre ordre.

L'acheteur de rentes à terme n'a à s'occuper que de la différence qui existe entre le cours du jour de la réalisation et le cours du jour de l'achat.

Exemple : le 5 février vous achetez 1,500 fr. à 73 fr. Vous avez le droit de garder cette position jusqu'au jour de liquidation, mais vous avez aussi la faculté de vendre vos 1,500 fr. si la rente vient à faire 73 fr. 50 c. et que vous vous contentiez provisoirement de ces 50 c. de bénéfices qui sont acquis à votre crédit.

Le jour de la liquidation, on établit le cours qui doit régler tous les marchés à terme.

La *couverture* est la somme qui, en cas de perte, répond à l'agent de la différence que le client doit payer.

A terme, sur la rente, on ne peut pas spéculer sur moins de 1,500 fr., et sur les chemins sur moins de 25 titres.

De 1,500 fr. on va à 3,000 fr., 4,500 fr., etc.

Sur 1,500 fr. de rentes, chaque cinq centimes de hausse vous représente 25 fr. de bénéfice et, par conséquent, 1 fr. vous donne 500 fr. de bénéfice sur 1,500 fr. et 1,000 fr. sur 3,000 fr.

Le droit de commission est de 5 c. par 1,500 fr. pour chaque ordre d'achat ou de vente, si le client achète et vend dans la même Bourse, il ne paie qu'un seul courtage pour les deux opérations.

Pour les valeurs industrielles, il n'y a pas de combinaison de centimes : si vous revendez à 1,000 fr. les 25 nord que vous avez achetés à 990 fr. vous gagnez 10 fr. par chemin, soit 250 fr.

V

Du Report.

Reporter, c'est prêter de l'argent au porteur de titres sur consignations de ces mêmes titres.

Il y a plusieurs espèces de reports.

Le report du comptant à la fin du mois ;

Le report d'un mois à l'autre, le report sur primes ,

Et, enfin le *report* qui sert à prolonger une opération, soit à la hausse, soit à la baisse.

L'opération du *report du comptant à la fin du mois* est basée sur la différence qui existe entre le prix de la rente au comptant et celui de la rente fin courant.

On entend par *report d'un mois à l'autre* la différence qui existe entre le prix de la rente fin courant et celui de la rente fin prochain.

Le *report sur prime* s'opère par l'achat fin courant d'une certaine quantité de rente *ferme* que l'on revend tout de suite *à prime* fin courant.

Les capitalistes ont donc dans les reports les moyens de placer leurs fonds d'une manière toujours avantageuse, sans jamais courir aucun risque puisqu'étant par la même opération acheteur pour une époque plus éloignée, ils n'ont pas à s'occuper du mouvement de hausse ou de baisse; le bénéfice se bornant à la différence de l'achat à la vente, différence qui constitue l'intérêt.

Les reports sont donc des prêts sur gage d'effets publics ou des placements hypothécaires.

Le *report* qui sert à conserver une position, soit à la hausse, soit à la baisse, est celui dont le mécanisme est le plus connu.

Si le jour d'une liquidation qui se fait à 71 fr. vous êtes acheteur à 73 fr., et que vous croyez à une hausse prochaine, vous vendez à 71 fr. et rachetez sur-le-champ pour fin prochain à 71 fr. 50 c.

Les cinquante centimes représenteront ici le prix du report, prix qui varie selon les chances de hausse et la position de la place. Il est bien entendu que vous payez la différence de 71 fr. 50 à 73 fr.

La même opération se fait à la baisse, on achète fin courant et on revend fin prochain ; c'est ce qu'on appelle *déporter*.

On donne 1,500 fr. de couverture. Si le client est à la hausse et que la rente baisse de 1 fr. 50 c., ce qui représente une perte de 1.500 fr., l'agent risque de se trouver à découvert si le client ne donne pas une autre couverture ; alors il liquide, et c'est ce qu'on appelle *exécuter*.

Une commune. — Un moyen de bonifier une fausse opération consiste à faire ce qu'on appelle *une commune*. Si vous avez acheté 50 chemins de fer à 500 fr. et que ces titres soient tombés à 400 fr., en achetant 50 nouveaux chemins à ce prix de 400 fr., vous obtenez en *moyenne* ou en *commune* 100 chemins à 450 fr.

Calcul de la rente. — Pour savoir combien on doit payer pour avoir une somme quelconque de rente à n'importe quel intérêt, il faut multiplier la somme de rente achetée ou vendue par le prix de cette rente et en diviser le total par le taux de l'intérêt,

Ainsi 1,500 fr. de rente 3 pour cent à 78 fr. 50 c. et en divisant le total par 3, donnent un capital de 39,250 fr.

VI

Marchés libres ou à Primes.

En opposition aux opérations que nous avons précédemment expliquées, et qu'on appelle Marchés fermes, le désir de limiter les chances de perte a donné lieu aux Marchés libres qui ne sont obligatoires que pour le vendeur, et se règlent fin courant et fin prochain pour les fonds publics et le 15 et le 30 de chaque pour les chemins de fer et les valeurs industrielles.

C'est au moyen de cette prime que l'acheteur a le droit de ratifier son marché ou de le rompre.

Aussi, le cours des valeurs à prime est plus élevé que le cours des valeurs ferme.

Le prix de la valeur augmente d'autant que le prix de la prime diminue. La rente à prime dont 50 cent. est plus chère que la prime dont 1 fr. Les chemins de fer dont 10 fr. sont plus chers que les chemins de fer dont 20 fr.

Le dernier jour de chaque mois, à deux heures pour les fonds publics, pour les actions de chemins de fer et les valeurs industrielles, a lieu la réponse des primes.

Les chemins de fer et les valeurs industrielles ayant une liquidation de 15, il y a également une réponse des primes le 15 pour les valeurs; c'est-à-dire que ces jours-là l'acheteur déclare s'il entend *lever* ou *abandonner* sur prime.

Lever sa prime, c'est se livrer les titres achetés conditionnellement; *abandonner* sa prime, c'est renoncer à se livrer ces mêmes titres.

Dans les marchés libres, la perte est bornée, mais les bénéfices ne le sont pas; car si vous achetez à prime de 1 fr., quelque forte que soit la baisse, vous ne pouvez perdre que la prime que vous avez payée et que vous abandonnez pour que le marché soit nul, tandis que vous pouvez profiter de toute la hausse qui survient.

La vente à prime n'est avantageuse qu'à ceux qui n'opèrent pas à découvert, mais sur des titres qu'ils ont en portefeuille.

Les marchés à terme et à primes ont des combinaisons infinies qui échappent à la théorie; l'expérience seule de la Bourse peut en faire connaître toutes les ressources, par cela seul que l'opération la plus simple peut se compliquer à l'infini. Il y a encore les primes de 10 cent. qui se font du jour au lendemain.

Ce jeu des primes exige une expérience, un tact, une opportunité, une célérité dans l'exécution des ordres qui le rendent excessivement difficile et dangereux pour les joueurs ordinaires; mais, pour ceux qui le possèdent, il est un moyen infaillible de toujours réduire ses pertes, sinon de les contrecarrer et de ne jamais limiter son bénéfice.

VII

Pour terminer notre série d'articles sur les différentes opérations de Bourse, nous n'avons plus qu'à passer en revue quelques mots techniques qui, au reste, depuis quelques années, sont si bien tombés dans le domaine public, qu'il pourrait paraître oiseux d'en donner l'explication, si nous n'avions pas tous les jours la preuve qu'il existe encore beaucoup de personnes qui placent leurs fonds sur les valeurs industriels sans savoir quand elles doivent verser ou compléter les versements, etc., etc., et que d'autres préféraient ces sortes de placements, si elles étaient au courant des obligations ou des bénéfices qui en ressortent.

Lorsqu'une compagnie se forme pour l'exploitation d'une ligne de chemin de fer ou de toute autre opération industrielle, l'acte de société passé par devant notaire, la souscription des actions qui représentent le capital nécessaire est ouverte chez un banquier ou bien au siége de la société.

Cette souscription s'opère de trois manières :

1° Sans versement préalable;

2° Par versement d'une partie de l'action ;

3° Par versement intégral en souscrivant.

Le premier mode a été abandonné ; le deuxième mode est le plus usité ; le troisième ne peut être employé que pour une affaire ou très-minime ou très-sérieuse.

Les deux premiers systèmes offrent le danger de ne donner pour première liste de souscription que des spéculateurs qui rejetteront sur le marché toutes les actions qui leur ont été accordées, dès que ces actions feront 5, 10 ou 20 fr. de prime.

Toutes les actions donnent droit à un intérêt fixe et à une part proportionnelle dans les bénéfices.

La date du paiement de l'intérêt s'appelle *jouissance*. Le 3 p. 0/0 est jouissance de juin et jouissance de décembre, c'est-à-dire que c'est dans le courant de ces deux mois que l'on paie le semestre des intérêts échus.

Les dividendes ou bénéfices servent de base à la prime que l'action doit rationnellement faire.

Une action de 500 fr. qui, en dehors de son intérêt de 5 p. 0/0, donne 10 p. 0/0 de dividende, a le droit de monter à 1.500 fr.

Le *coupon détaché* représente la diminution que subit une valeur dont les intérêts sont échus ; si le 3 p. 0/0 est à 75 fr. 50 c., le jour où il détachera son coupon, il retombera à 74 fr., puisqu'il sera diminué de 1 fr. 50 c., intérêt du semestre. Seulement, sur certaines valeurs cette différence est bientôt reconquise, et il suffit de deux ou trois Bourses pour regagner le cours d'avant le coupon détaché.

On appelle action libérée une action sur laquelle tout le capital a été versé. Certaines sociétés n'ayant pas besoin du total du titre nominatif, ont libéré leurs actions, soit de 500 à 400 fr. ; c'est-à-dire que les 100 fr. de solde ne sont pas appelés au versement.

Les *obligations* représentent un emprunt que les

compagnies contractent en dehors de l'émission des actions. Les obligations donnent des intérêts, mais jamais de dividendes. Elles sont presque toutes remboursables, soit dans un temps donné, soit par voie du sort, à un chiffre plus élevé que celui de l'émission. Les obligations de chemins de fer sont un excellent placement.

Les obligations de 1.000 fr. du Crédit Foncier, remboursables à 1,200 fr., donnent droit à des primes dont les tirages ont lieu quatre fois par an.

Une action qui fait prime est une valeur au-dessus de son chiffre nominatif. Les actions du Crédit Mobilier, émises à 500 fr., sont aujourd'hui à 1,890 fr.; elles font donc 1,390 de prime. Par contre, les Palais de l'Industrie, dont les actions sont de 100 fr., perdent 20 fr. en ne faisant que 80 fr. Seulement, comme il n'y a que 4 p. 0/0 d'intérêts garantis, 80 fr. se trouve un cours rationnel.

VIII

Fonds publics et Valeurs industrielles.

Nous allons abandonner le côté théorique de nos leçons pour passer au mode pratique. Après avoir fait rapidement connaître les opérations de la Bourse, la manière dont elles se traitent, la forme et les agents qui travaillent à ces transactions, il nous reste à en passer en revue les moyens, c'est-à-dire toutes les valeurs : fonds publics français et étrangers, valeurs industrielles et actions de chemins de fer, qui provoquent la spéculation.

Pour cette revue, nous suivrons l'ordre établi dans la cote authentique ; et, bonne ou mauvaise, aucune valeur n'échappera à notre analyse : cette analyse ne quittera aucune valeur sans avoir dit : la date de la société, le chiffre du capital, le taux moyen du dividende et des primes, si l'action est oui ou non libérée. Nous expliquerons à quel prix les obligations sont remboursables et par quel moyen ; enfin en donnant à nos clients et à nos abonnés cette cote expliquée, nous aviserons à ce que nul d'entre eux (et il y en a beaucoup encore) n'ignore plus comment et pourquoi il a placé son argent.

Depuis plusieurs années les actions de chemins de fer, les valeurs industrielles sérieuses, honorables, ont tranché la question longtemps indécise de savoir quel était dans ce bas monde le meilleur placement du capital. Leurs intérêts de 5 0/0 régulièrement servis, leurs dividendes acquis et qui ne tendent qu'à s'augmenter, ne laissent plus aucun doute sur la préférence que les capitalistes doivent leur accorder.

Malheureusement tel capitaliste qui n'achèterait pas une chaumière sans aller la voir avec son architecte, souscrit inconsidérément à des Sociétés nouvelles qu'il ne peut encore apprécier, ou place son argent sur des valeurs qu'il ne connait pas. Le but du *Spéculateur* est de les lui faire connaître.

IX

Effets publics.

Les effets publics doivent se diviser en deux catégories ; la première, qui comprend les diverses espèces de la rente, 3, 4 et 4 1/2 0/0 ; la seconde, qui est composée de titres participant tout à la fois de la nature des effets publics et de celles des valeurs privées. A cette dernière catégorie appartiennent la Banque de France, le Crédit foncier et le Comptoir d'Escompte. Ce serait chose peut-être illogique que d'y adjoindre le Crédit mobilier, bien que certains privilèges spéciaux semblent, à première vue, devoir le faire classer dans le même ordre de valeurs.

En fait, l'habitude ne désigne sous le noms d'effets publics que la rente proprement dite.

La rente, quelle que soit sa nature, 3, 4 ou 4 1/2, est représentée par des titres qui sont ou nominatifs, ou au porteur, suivant la volonté de l'acheteur.

On conçoit tout d'abord que le titre au porteur est le seul qui se prête facilement à la spéculation, et, par conséquent, à une transmission rapide et multiple, tandis que la rente nominative est considérée presque comme immeuble par destination.

Aussi, on peut dire hardiment que cette dernière n'entre pour rien dans les alternatives de hausse et de baisse qu'on voit se succéder chaque jour sur la cote officielle des opérations de bourse.

La rente 3 0/0 est divisée en trois séries : le 3 0/0 proprement dit, qui se compose du capital accumulé et liquidé de tous les emprunts successifs depuis son origine ; le premier emprunt de 1855, qui tend, dans un avenir très-prochain, à faire masse, et conséquemment à s'absorber avec le 3 0/0 pur ; le deuxième emprunt de 1855, dont une certaine quantité de coupons non entièrement liquidés joue un rôle important dans la spéculation, et qui, à son tour, ne sera absorbé que dans un certain nombre de mois.

Quant au 4 1/2 0/0, il y a cinq ans à peine, il portait le titre de 5 0/0 qu'il a perdu par sa conversion, ou plutôt par sa réduction d'un demi dans le rapport.

Comme le 3 0/0, il est divisé en rente 4 1/2 proprement dite, et en deux emprunts successifs de 1855 que régissent les mêmes règles d'absorption prochaine.

Valeur également solide, quand au fonds, et plus avantageuse même dans le rendement que le 3 0/0; c'est-à-peine si, dans la spéculation ou les transactions de chaque jour, le 4 1/2 est comme 1 à 40 relativement au 3.

Il faut, pour expliquer cette différence, se rappeler que cette nature de rente peut être soumise à une nouvelle conversion.

X

Les fonds publics 3 0/0, 4 0/0, 4 1/2 0/0 représentent la dette publique, qui provient des emprunts que les gouvernements ont successivement contractés. Aujourd'hui la dette publique se monte à 8,106,752,267 fr. en rentes 4 1/2 et 3 0/0.

Ces rentes sont inscrites sur un registre appelé le Grand Livre. Et sans être accusé de faire de l'économie sociale, nous pouvons dire que ces inscriptions sont et la meilleure et la plus sûre des hypothèques.

L'intérêt de ces rentes est fixe : 3 0/0, 4 0/0 et 4 1/2 0/0.

En 1825, une loi rendue le 1er mai, autorisa les porteurs d'inscriptions de rente 5 0/0 à les convertir en inscriptions 3 0/0, au taux de 75 fr.

Le 3 0/0 n'est exposé ni à la réduction, ni au remboursement ; il est aussi le seul représentant du crédit public et le grand régulateur de toutes les valeurs qui se négocient à la Bourse ; il leur impose son influence et il n'en reçoit pas d'elles. Les grands évènements ou les positions extrêmes de la place ont seuls la puissance de l'impressionner.

Les coupons sur le 3 0/0 sont détachés le 6 juin et le 6 décembre de chaque année, et le paiement de ses coupons s'effectue le 22 janvier et le 22 décembre au trésor impérial.

En 1825, les porteurs de rente 5 0/0 ont été également autorisés à convertir leurs inscriptions de rente 5 0/0 en inscriptions de 4 1/2 0/0 au pair.

Les coupons se paient le 22 mars et le 22 septembre.

Enfin une loi du 19 juin 1828 autorisa le ministre des finances à emprunter 80,000,000 en rente 4 0/0. L'emprunt fut fait par MM. de Rothchild frères le 12 janvier 1830, au taux de 102 fr. 7 c. 1/2.

Par une ordonnance du 10 juin 1833 et du 15 fuin 1835, l'inscription qui n'était que de 3,134,950 fr. de rente s'est élevée à 11,978,766 fr. ; les intérêts se paient le 22 mars et le 22 septembre.

Tout propriétaire de rentes nominatives 4 et 3, a le droit d'en réclamer la conversion en rentes au porteur ; les titres au porteur facilitent les transactions, puisqu'ils n'exigent pas de transfert.

Cette conversion s'opère par le ministère d'agent de change, au moyen d'un transfert.

On ne délivre que des coupures de 10, 20, 50, 100, 300, 500, 1,000, 1,500 et 3,000 fr. sur le 3 0/0.

Sur le 4 0/0, les coupures sont de 50, 100, 300, 500, 1,000, 2,000 et 4,000 fr.

On ne délivre pas de rente 4 1/2 au porteur.

L'année 1855 a vu deux emprunts, le premier négocié en janvier, le second en août; le premier de 500 millions, le second de 750 millions

Les fonds français sont amortis au moyens d'une dotation de 1 0/0 affecté à cet effet. La caisse chargée de l'exécution rachète avec la dotation des rentes, au cours du jour, pourvu que ce cours soit au-dessous du pair.

L'intérêt de ces rentes ainsi rachetées est, malgré cela, payé par le trésor à la caisse d'amortissement et augmente d'autant les moyens de rachat.

VALEURS FINANCIÈRES

VALEURS FINANCIÈRES

I

Banque de France.

Le capital originaire de la Banque de France, dont la fondation remonte à 1802, était de 45 millions de francs, répartis en 45,000 actions de 1,000 fr.

En 1808, une nouvelle émission porta le nombre total des actions à 90,000, au capital de 108,000,000, soit 1,200 fr. par action; les 45,000 actions de fondation ayant été portées au moyen de la réserve, au même taux que celles de 1808, soit 1,200 fr.

Mais ce nombre de 90,000 actions se trouve réduit maintenant à 67,900, la Banque elle-même en ayant racheté 22,100.

Ces 67,900 actions qui sont toutes nominatives, appartiennent à 4,000 actionnaires environ.

La réserve actuelle s'élève à 600 fr. par action.

La Banque de France escompte les effets de commerce revêtus de trois signatures au moins. Elle fait des avances, dont la quotité varie suivant les

1.

circonstances qu'elle apprécie seule, sur les effets publics, sur les obligations et les actions des chemins de fer.

Ses actions sont représentées par des immeubles, des rentes publiques et par le numéraire enfoui dans ses caves

Ses actions sont recherchées comme un placement tout à la fois sérieux et avantageux, et comme elles n'entrent pas dans le jeu de la spéculation, on peut affirmer que le capital indiqué par la cote officielle de la Bourse, représente toujours un revenu de 5 à 6 0/0.

Voici le cours des actions de la Banque à différentes époques :

En 1802.	1,800 fr.
1803.	1,340
1814.	1,015
1820.	1,535
1830.	1,900
1831.	1,650
1840.	3,500
1848.	950
1851.	3,500
1856. . . juillet. .	4,100

II

Comptoir d'escompte.

Le Comptoir d'escompte de Paris a été fondé en mars 1848. A sa création, le capital fut formé au moyen de l'émission de 40,000 actions de 500 fr., représentant ainsi 20.000,000 de francs.

Cet établissement vient d'augmenter son capital ou plutôt de le doubler en créant 40,000 nouvelles, actions de 550 fr., les 50 fr. en sus des 500 fr. étant destinés à accroître le fonds de réserve.

Les actions du Comptoir d'escompte sont regardées comme valeurs sérieuses à l'égal des obligations des chemins. Aussi, se prêtent-elles peu à la spéculation, et restent-elles entre les mains des personnes qui ne demandent qu'un placement sûr et raisonnablement avantageux.

Le Comptoir d'escompte a donné depuis sa fondation les revenus suivants par action :

En 1850.	35 fr.
1851.	40
1852.	40
1853.	31
1854.	36
1855.	42
1856.	47

Les opérations du Comptoir sont à peu près les mêmes que celles de la Banque de France. Il ne peut sans doute traiter sur la même échelle, mais il offre spécialement plus de facilités au petit commerce.

Le cours le plus bas de ses actions depuis 1850, a été de 330 fr.; le plus élevé de 810 fr. Il est coté aujourd'hui à 710 fr.

III

Crédit foncier.

Ce titre indique la nature des opérations en vue desquelles ce grand établissement fut institué par un décret en date du 28 mars 1852.

Ses opérations ont, en effet, pour objet de prêter sur hypothèque, aux propriétaires d'immeubles.

Le Crédit foncier fut fondé tout d'abord au capital de 25 millions, dont 10 furent immédiatement souscrits.

Mais, le 10 décembre de la même année, intervint un nouveau décret, qui, en étendant le privilége de la Société à tous les départements, lui accordait une subvention de 10 millions.

Le fonds social fut alors porté à 60 millions, divisé en 120,000 actions de 500 fr. chacune.

La moitié de ces actions est maintenant émise.

Le Crédit foncier a le droit d'émettre des obligations dans une proportion vingt fois plus forte que la somme des actions émises.

Ces obligations sont remboursables par la voie du tirage au sort.

Chaque remboursement comprend le nombre d'obligations nécessaire pour opérer un amortissement tel, que les obligations restant en circulation, n'excèdent jamais les capitaux restant dus sur les prêts hypothécaires.

Le Conseil d'administration détermine l'importance et la répartition des lots et des primes qui, avec l'autorisation du gouvernement, peuvent être attribués aux obligations remboursées par le tirage.

Ces primes, dont sont favorisés les premiers numéros sortants à chaque tirage trimestriel, et dont l'importance est considérable, font rechercher avec empressement les obligations dont l'émission totale, jusqu'à ce jour, est au chiffre de 200 millions.

Le sort désigne les séries d'obligations qui doivent successivement verser les 800 fr. qui les libèrent. Il est spécifié que les obligations dont la série aura été appelée à compléter ses versements, ne participent pas aux lots du prochain tirage si elles n'ont pas rempli cette condition. Les séries appelées jusqu'à présent, sont les séries D, F, I, M, O, T.

Les obligations dont la série n'a pas été désignée ont droit à tous les lots des tirages qui se font quatre fois par an.

Le premier, le 22 mars ; le deuxième, le 22 juin ; le troisième, le 22 septembre, avec 170,000 fr. de primes chacun, et le quatrième, le 22 décembre, avec 290,000 fr.

En plus de ces obligations qui sont remboursées avec primes, il est fait deux fois par an un tirage d'obligations de 1,000 fr. appelées au simple remboursement de 1,200 fr. ; au 22 mars dernier, 1,793 obligations avaient été déjà remboursées.

Nous n'avons pas à discuter les opérations du Crédit foncier au point de vue général, nous n'avons à nous occuper ici que de sa positition comme valeur cotée à la Bourse.

Sur le marché, la spéculation se préoccupe peu des actions du Crédit foncier, aussi sont-elles d'une négociation assez difficile ; car si elles offrent aux capitaux sérieux un placement sûr, le revenu n'en saurait être que moyennement fructueux ; et pour des gens qui, comme nos spéculateurs, savent parfaitement calculer, il est aisé de pressentir quel peut être le produit d'une action de ce grand établissement, alors que celui-ci prête lui-même à 6 p. 0/0.

Cependant, au moment de la création du Crédit

foncier, la spéculation l'accueillit avec un empressement si vif, qu'il devint un engoûment irréfléchi. Cet empressement donna lieu à bien des mécomptes. et probablement à de grandes pertes. On peut s'en rendre compte par le tableau suivant, qui indique le cours le plus élevé et le cours le plus bas depuis l'année de la fondation :

	plus haut.	plus bas.
1852.	1,275 fr.	535 fr.
1853.	1,220	525
1854.	660	440
1855.	630	570
1856.	740	670

Les actions, depuis quelque temps, gravitent autour du prix de 700 fr., cours qui semble être dans des limites rationnelles ; le revenu de l'action de 500 fr. ressort à 7 p. 0/0 d'après le dernier compte-rendu qui a établi le bilan de l'exercice expiré.

Au reste, l'administration du Crédit foncier est sagement et utilement dirigée. Son influence ne peut que tendre à donner de l'importance aux opérations d'un établissement de premier ordre pour l'intérêt public, mais dont le développement a été trop retardé jusqu'ici par des considérations que nous n'avons pas à expliquer.

Disons, en terminant cette courte notice, qu'en vertu de l'article 2 de ses nouveaux statuts, approuvés par décret impérial du 28 juin 1856, le Crédit foncier de France reçoit des capitaux en compte-courant, portant intérêt à 3 p. 0/0.

Les dépôts sont reçus au siége de l'administration, rue Neuve-des-Capucines, 19, à Paris, de dix heures du matin à deux heures.

Les déposants reçoivent à leur choix, ou des bons de caisse ou un carnet.

IV

Bons du Trésor.

Nous n'avons rien à dire de cette nature de valeur au point de vue de la Bourse, car, elle ne se prête pas par elle-même à la spéculation.

Le capital qui constitue chaque Bon du Trésor étant en réalité celui d'un papier de commerce, est fixé d'avance et par conséquent invariable. L'intérêt seul peut changer, et dans la pratique la quotité de cet intérêt subit ordinairement les phases du taux de l'escompte de la Banque de France.

En résumé, les Bons du Trésor forment l'effet commercial de l'Etat. Ils sont nominatifs portent intérêt et sont endossables; leur échéance débattue à la convenance du preneur, varie du mois à l'année.

V

Crédit Mobilier.

Il fallait donner une désignation quelconque à une immense maison de Banque qui se constituait en 1852 par le concours des sommités de la finance.

On a choisi celle de Crédit Mobilier. Pourquoi celle-là plutôt qu'une autre? Nous ne pouvons le deviner. Car, à nos yeux, après avoir considéré l'article des statuts qui définit les opérations de la Société, le Crédit Mobilier n'apparaît pas autrement que comme une banque industrielle.

Voici en effet, toujours d'après les Statuts, en quoi consistent les diverses opérations de cette société.

1° A souscrire ou à acquérir des effets publics, des actions ou des obligations dans les différentes entreprises industrielles ou de crédit, constituées en sociétés anonymes, et notamment dans celles de chemins de fer, de canaux, de mines, et d'autres travaux publics déjà fondés ou à *fonder*.

2° A *émettre pour une somme égale à celle employée à ces souscriptions et acquisitions, ses propres obligations ;*

3° A vendre ou donner en nantissement d'emprunts, tous effets, actions et obligations, et à les échanger contre d'autres valeurs ;

4° A soumissionner tous emprunts, à les céder et réaliser, ainsi que toutes entreprises de travaux publics ;

5° A prêter sur dépôts d'actions et obligations, et à ouvrir des crédits en compte-courant, sur dépôt de ces diverses valeurs ;

6° A recevoir des sommes en compte-courant ;

7° A opérer tous recouvrements pour le compte des compagnies sus-énoncées, à payer leurs coupons d'intérêts ou de dividendes et généralement toutes autres dispositions ;

8° A tenir une caisse de dépôt pour les titres de ces entreprises.

Par un autre article des mêmes statuts, il est dit :

Que toutes autres opérations sont interdites.

Qu'il est expressément entendu que la Société ne fera jamais de ventes à découvert, ni d'achats de primes.

Nous avons souligné expressément le paragraphe 2 de l'art. 5, parce que nous avons l'intention d'y revenir.

Venons maintenant à l'article :

Jusqu'à l'émission complète des actions, les obligations créées par la Société ne pourront dépasser cinq fois le capital réalisé.

Après l'émission complète du fonds social, elles pourront atteindre une somme égale à dix fois le capital.

C'est-à-dire qu'avec ses 60 millions de capital, le Crédit Mobilier pourra émettre des obligations pour une somme de 600 millions.

VI

Quelle est la garantie offerte pour une somme aussi énorme? C'est, avec le capital social, une somme ÉGALE employée à la souscription et acquisition d'effets publics et d'actions des compagnies (§ 2, de l'art. 5).

Cette garantie est-elle suffisante? Et, si toutes les valeurs qui composent le marché de notre Bourse, viennent à subir une dépréciation notable, le gage proprement dit, n'est-il pas entamé, ne saurait-il même être absorbé?

C'est là une grave considération que nous ne voulons pas discuter. Disons seulement que, si les actions dont la société est propriétaire sont susceptibles de voir leur capital s'accroître par l'effet de la spéculation ; par une conséquence logique, elles peuvent, dans un moment donné, le voir s'amoindrir.

Il s'ensuit, pour nous, qu'il n'y a entre le Crédit Mobilier et les Banques ordinaires, aucune analogie ; puisque le portefeuille de garantie de ces dernières est représenté par des effets de commerce ayant une valeur de capital fixe non susceptible, il est vrai, d'augmentation, tandis que les actions des compagnies sont sujettes à la dépréciation qui tient à l'essence même des opérations et fluctuations de la Bourse.

Et si, comme l'a dit un publiciste célèbre, une institution qui prêterait sur nantissement une somme égale à la valeur de l'expertise, se met à découvert, puisque à la vente, on peut ne pas retirer le prix de l'estimation, n'est-ce pas là justement le cas dans lequel pourrait se trouver le Crédit Mobilier.

N'est-ce pas la prévision de ce qui pouvait advenir qui, l'année dernière, a forcé la société à retirer sa malencontreuse émission d'obligations?

Il est vrai qu'avec des gens aussi profondément habiles et judicieux que les administrateurs de ce vaste établissement, on peut être certain que la leçon portera ses fruits. Car les chiffres ont une logique impitoyable. N'a-t-on pas vu, en effet, les actions de la société, tomber de 1,660 fr. à 1,130 fr., sous l'impression produite à la Bourse par l'annonce de cette émission ?

Il s'est formé dans l'orbite du Crédit Mobilier un noyau de spéculateurs qui puisent le guide de leurs opérations dans la tenue de ses cours. La pléïade de ces spéculateurs, qui se dispensent ainsi d'avoir une opinion personnelle, est assez nombreuse, assez puissante, pour qu'à diverses reprises les actions du Crédit Mobilier aient paru, au détriment de la rente 3 0/0, devoir être à l'avenir l'arbitre des mouvements de la Bourse.

On a vu cette valeur, tantôt montant avec une rapidité prestigieuse, absorber toute l'attention et pour ainsi dire toute l'activité du marché, tantôt s'affaissant sous la réaction la plus inattendue, être dépréciée au point de rencontrer difficilement des acheteurs.

Il est aisé pour nous de justifier ce que nous venons de dire, en mettant sous les yeux de nos lecteurs, le cours des actions du Crédit Mobilier à différentes époques, et le montant des revenus qu'il a donnés pendant les exercices 1853, 1854 et 1855.

Cours des actions.

	Plus haut.	Plus bas.
1852.	1,785 fr.	830 fr.
1853.	900	640
1854.	792 50	430
1855.	1,660	910
1856.	1,990	1,445

Revenu :

1853.	50 fr.
1854.	59
1855.	203 70

Ce tableau démontre quelles variations excessives de hausse ou de baisse ont éprouvées successivement les cours du Crédit Mobilier. Nous ne pouvons donc être taxés de réserve, lorsque nous conseillons à nos clients de n'aborder ce genre de valeurs qu'avec la plus extrême circonspection; car là surtout, la spéculation du jeu serait dangereuse. Il n'en est pas de même pour les détenteurs sérieux; l'avenir prospère de ce puissant établissement ne faisant pas doute à nos yeux.

VII

En terminant cette courte notice sur le Crédit Mobilier, nous croyons utile de donner la quotité des bénéfices que la Société a distribués à ses actionnaires pour les exercices 1853, 1854 et 1855.

1853	5,400,000 fr.	chiffres ronds.
1854	7,800,000	
1855	26,800,000	

Certes, ce tableau est satisfaisant; et, si on considère seulement l'importance du dividende de 1855, on est amené à se dire que la compagnie qui a pu faire produire en bénéfice net, dans une seule année, plus de 40 p. 0/0, à son capital social, est administrée avec une habileté presqu'effrayante.

Mais aussi, comme l'habileté ne saurait jamais annihiler les retours subits qui peuvent, d'un moment à l'autre, atteindre un établissement dont la nature spéculatrice est soumise, plus qu'aucun autre, à toutes les variations du marché financier, le capital des actions du Crédit Mobilier est loin d'avoir le taux d'élévation auquel il semblerait pouvoir prétendre, en raison des dividendes déjà distribués.

Au reste, on peut se rendre un compte facile de ceci, par la classification établie à cet égard pour l'action du Crédit Mobilier, parmi les autres valeurs cotées à la Bourse, En effet, la Banque de France, le Crédit foncier, le Comptoir d'escompte figurent au tableau pour le chiffre en capital correspondant exactement aux 5 ou 6 p. 0/0 du produit actuel.

Ainsi la Banque de France est à 4,150 fr., alors que le dividende dépasse à peine 200 fr.

Le Crédit Mobilier, au contraire, qui vient de distribuer un bénéfice égal n'est qu'aux environs de 1,600 fr. Il y a là un grave enseignement.

La même disproportion entre dans la comparaison avec les actions de nos principales lignes de chemins de fer.

En résumé, le Crédit Mobilier gravite à la Bourse dans une sphère d'animation fiévreuse, pendant que les spéculateurs froids ou timides se tiennent à l'écart, ou ne l'abordent qu'au moyen de l'achat des primes.

VIII

Obligations de la ville de Paris.

Cette dette se compose des trois emprunts réalisés par la ville dans les années 1849, 1852 et 1855.

Le premier de ces emprunts, au capital de 25 millions, fut adjugé au taux de 1,105 fr. 40 c. par obligations de 50 fr. d'intérêt annuel.

Les obligations sont remboursables à 1,000 fr. Elles portent 5 0/0 de rente, plus une prime de 1 0/0 l'an, en addition au capital.

Cette prime se confond avec celles affectées, chaque tirage, aux 34 numéros sortants, dans proportion suivante :

1er numéro.	30,000 fr.
2e —	15,000
3e —	10,000
4e —	7,000
5e, 6e, 7e, chacun 3,000 fr. . . .	9,000
8e, 9e, 10e, 11e, chacun 2,000 f.	8,000
12e, 13e, 14e, 15e, 16e, 17e, chacun 1,000 fr.	6,000
Du 18e au 33e, chacun 500 fr. . .	16,000
Le 34e, une somme variant de 416 f. à	1,791 fr.

Les arrérages se paient le 1er avril et le 1er octobre. Le remboursement de ce capital de 25 millions doit être complètement effectué en 1858.

Cet emprunt de 1852, qui est au capital de 60 millions a été autorisé par la loi du 4 août 1851.

Sa destination spéciale a été de subvenir aux dépenses nécessitées par l'établissement des grandes halles nouvelles, et par le prolongement de la rue de Rivoli.

Comme l'emprunt de 1848, celui de 1851 a été adjugé aux enchères, le 3 avril 1852. MM. Béchet, de Thomas et Comp. en sont restés adjudicataires au taux de 1,227 82 par obligation.

Ces obligations sont de 1,000 fr. et portent intérêt à 5 0/0 l'an. Cet intérêt se paie en deux semestres, le 1er janvier et le 1er juillet de chaque année.

Le 1er mai et le 1er octobre on procède à un tirage au sort des obligations qui sont remboursables par ce mode de paiement.

Ces remboursements de capital ont lieu aux mêmes époques que celles fixées pour le paiement des arrérages.

Cet emprunt doit être complétement amorti vers la fin de l'année 1871.

A chaque tirage une prime déterminée dans les conditions suivantes, est attribuée aux 60 premiers numéros sortants:

1er numéro.			50,000 fr.
2e —			20,000
3e —			15,000
4e —			10,000
5e, 6e —	chacun de . .	5,000	10,000
Du 7e au 12e	— . .	3,000	18,000
Du 13e au 20e	— . .	2,000	16,000
Du 21e au 34e	— . .	1,000	14,000
Du 35e au 59e	— . .	500	12,500
Enfin, le 60e en moyenne.			2,500

IX

Pour l'emprunt de 1855, on n'a pas suivi les anciens errements de l'adjudication.

On a eu recours, comme cela se pratique maintenant pour les emprunts de l'État au mode d'une souscription publique.

L'emprunt de 1855, autorisé par une loi du 21 mai 1855, a été contracté au capital de 150 millions, au taux de 400 fr. par obligation.

Les obligations sont remboursables par la voie du tirage au sort qui a lieu deux fois par année, les 1er février et 1er août.

L'obligation porte un intérêt annuel de 3 3/4 0/0.

Elle est remboursable au taux de 500 fr.

Les versements indiqués pour la souscription sont faits comme suit : 100 fr. en souscrivant, et le solde par versement trimestriel de 50 fr. Il reste encore à verser trois trimestres qui échoient du 1er au 10 septembre courant, du 1er au 10 décembre et du 1er au 10 mars prochain.

Les quinze premiers numéros sortant de chaque tirage ont droit aux primes suivantes :

1er numéro.		100,000 fr.
2e, 3e, 4e, 5e, chacun	10,000	40,000
Les 10 nos à la suite chacun,	1,000	10,000

Ainsi qu'on doit naturellement le préjuger, la solidité qu'offre un pareil placement, l'intérêt raisonnable qu'il donne, et l'attrait d'une prime qui est pour le favorisé une véritable fortune, font rechercher avec empressement ce genre de valeurs par tous les petits capitaux.

On ne sera donc pas étonné si nous la recommandons à nos lecteurs.

X

Quelques renseignements plus détaillés nous ayant été demandés sur la prime et le report, nous nous empressons d'accéder au désir qui nous est manifesté et de revenir plus longuement que nous ne l'avons fait, sur ces matières qui sont d'un intérêt si puissant pour la spéculation.

Des Primes.

Le mot *prime* signifie exactement, en bourse, le maximum de perte que peut subir un acheteur dans l'espèce de marché à terme dont nous allons citer un exemple.

Nous disons expressément l'*acheteur*, parce que, dans les opérations à prime, le vendeur seul est engagé. Ainsi l'acheteur est dégagé, dès qu'il le veut, de son marché, par l'abandon d'une somme déterminée d'avance. C'est cette espèce de dommages-intérêts préalablement fixée qui porte le nom de prime.

Supposons en effet que le 2, ou tout autre jour du mois, j'aie acheté 100 actions du chemin du Nord, à prime pour la liquidation du 15.

Je les ai achetées au prix de 1 010 fr. Or, si j'avais fait une simple opération à terme, mais non à prime, je pouvais les obtenir à 1,000 fr.

J'ai donc traité à 10 fr. de plus ; mais au moyen de cette prime de 10 fr. que je puis abandonner à ma volonté, je ne cours jamais que le risque de perdre 1,000 f., tandis que si mon marché n'eût pas été opéré à primes, je pouvais subir toutes les chances d'une perte non déterminée.

Ainsi, admettons que du jour au lendemain, les actions du Nord fussent tombées à 950 fr., j'aurais perdu 50 fr. par action, alors que par la nature même de mon opération, ma perte est limitée à 10 fr.

Le jeu de la prime est donc un moyen qui, en diminuant le gain aléatoire, de la différence payée en raison de cette prime, met l'acheteur à l'abri de ces retours si imprévus qui viennent, en quelques minutes, changer du blanc au noir la position qui paraissait la plus favorable.

En ce qui concerne la personne qui m'a vendu ces 100 actions, la position est complétement différente. Elle est absolument liée jusqu'à l'échéance, pour ainsi dire, de ma propre volonté, sauf bien entendu le cas de la liquidation du mois ou de la quinzaine, qui dénoue forcément toutes les transactions entamées.

Il est juste, au reste, que mon vendeur soit soumis à des chances défavorables qui ne m'atteignent pas, puisque pour courir ces chances, il bénéficie, dès le moment de la vente, d'une plus-value sur les actions qu'il s'est engagé à me livrer en liquidation.

On peut donc être autorisé à dire que le jeu des primes dénote l'esprit de prévention de la part de l'acheteur, et de la hardiesse du côté du vendeur : car, le premier, si ce qu'il a acheté vient à baisser, n'a plus à se couvrir par une vente, son achat se dénouant tout naturellement par l'abandon de la prime : tandis que si, au contraire, les actions vendues viennent à prendre un mouvement ascendant, la position du vendeur se trouve bien vite compromise, et il est obligé de procéder à une opération de rachat, afin d'éviter une éventualité plus fâcheuse.

Le cours des primes joue le plus grand rôle dans l'appréciation de l'avenir du marché.

XI

Réservons tout d'abord les cas fréquents de mouvements imprévus, saccadés, et qui déroutent toute prévision, et, disons qu'en temps normal, alors que le marché semble subordonné aux seules influences intérieures de la situation générale financière, on peut regarder l'écart de la prime au ferme, comme étant un moyen, pour les spéculateurs, d'exprimer pratiquement leur opinion sur la hausse ou la baisse.

Ainsi, par exemple, que voyons-nous se passer en bourse, à l'endroit des primes, depuis près de quatre mois de langueur et d'atonie?

Nous les voyons à peine différer du terme, dès le commencement du mois pour la rente, et de chaque quinzaine pour les chemins de fer et les autres valeurs.

Nous les voyons s'affaisser peu à peu et toucher au niveau du terme dès le milieu du mois ou de la quinzaine, et disparaître presque complétement de la spéculation plusieurs jours avant chaque liquidation.

Que si, exceptionnellement aux autres valeurs, l'une d'entre elles, comme cela vient d'avoir lieu pour les actions du Crédit mobilier, affecte une tendance marquée pour la hausse, le prix de la prime s'élève immédiatement à des écarts considérables, et accuse quelquefois une différence très-grande avec le ferme.

Jeudi, par exemple, le Crédit mobilier, coté ferme pour fin de mois aux environs de 1,715 fr., était tenu à prime. dont 10 fr. pour la même échéance, de 1,770 à 1.775 fr.

La rente 3 0/0, le même jour, cotée à 70 fr. 60 cent. en clôture, avait ses primes, dont 50 cent. délaissés au cours de 70 fr. 85 cent. à 70 fr. 65 cent.; le chemin de Lyon, au prix de 1 337 fr. 50 cent. ferme, voyait ses primes dont 10 fr. à 1,347 fr. 50 cent.

Si nous reportons au contraire nos regards sur des époques animées par les affaires à tendances de hausse, nous trouvons à l'avantage de la prime, des différences considérables avec le prix du ferme.

Ainsi, n février, en mars et jusqu'en mai, la rente 3 0/0, par exemple, accusait au début du mois des primes dont 50 cent. à des écarts de 2 à 3 fr. par rapport au cours du ferme. Au milieu du mois, la différence se rapprochait sans doute, mais elle variait encore entre 1 fr. et 1 fr. 50 cent., et vers les derniers jours qui précédaient la liquidation, les 50 centimes formaient encore entre le ferme et la prime une différence équivalente de cette somme.

Le même résultat, à cette époque, se faisait sentir à l'endroit des actions de nos chemins.

Nous pensons donc avoir raison en attribuant aux cours des primes, une grande signification.

XII

En résumé, la prime représente, pour l'acheteur, le maximum de la perte qu'il peut faire dans un marché à terme.

Dans les temps ordinaires, l'achat à prime d'une valeur quelconque est fort peu avantageux, et n'est mis en œuvre, comme garantie, que par les gens prudents.

Mais, dans les circonstances fiévreuses, alors qu'on peut, jusqu'à un certain point, prévoir une hausse rapide, la prime devient un jeu employé sur une grande échelle par les spéculateurs.

Quand, au contraire, le marché est indécis, les personnes qui sont à la hausse, parce qu'elles sont détenteurs de ferme, se décident volontiers à vendre des primes représentant la quotité des valeurs achetées par elles. C'est toujours un bénéfice qui, au cas de baisse de la valeur, vient diminuer la perte.

Le plus habituellement, c'est là l'opération pratiquée par les gens réservés, alors qu'ils deviennent acheteurs d'une valeur quelconque; mais aussi, habituellement, c'est une opération qui n'a guère d'autre résultat que celui de laisser des commissions entre les mains des agents, et cela sans chance presque aucune de bénéfice. *Exemple :* J'achète 100 Nord à 1,000 fr. pour la liquidation. Au bout de deux ou trois jours, la tendance du marché me semble incliner à la baisse. Je m'empresse alors de vendre 100 Nord à prime à 1,010 fr.; mais il arrive que la tendance à la baisse se traduit en fait : voilà mes actions tombées à 990 fr. Je prends peur, et alors, voyant que le bénéfice de 10 fr. que j'aurai par ma prime ne me couvre que jusqu'à la concurrence précise de ce prix de 990 fr., je me hâte de racheter mes 100 Nord à ce cours. Il en résulte que je ne perds ni ne gagne en différence. Mais je perds, dans tous les cas, la commission exigible.

Il se fait en bourse un autre genre d'opérations, qu'on désigne sous le nom d'*opérations de primes contre primes* Mais ces sortes d'affaires demandent une trop complète expérience de la Bourse, pour qu'elles puissent être du domaine des spéculateurs sans moyens. D'ailleurs, pour atteindre à un bénéfice important, il faut agir sur une très-grande échelle, car l'opération, réduite à des proportions ordinaires, n'offre que fort peu de bénéfices. Il est vrai qu'elle comporte en elle-même l'avantage de liquider les pertes. La base du calcul repose sur le fait, que plus la prime est forte, moins le prix en est élevé. Ainsi la prime, dont 20 fr. sur le Mobilier, est moins chère que celle dont 10 fr.; la prime dont 1 fr. sur le 3 0/0, est moins élevée que celle dont 50 centimes.

Exemple : J'achète 100 actions du Crédit Mobilier dont 20 fr. à 1,640 fr. Je les revends immédiatement à 1,660 fr., dont 10.

Si, à l'échéance, le Mobilier a haussé, mes primes dont 20 fr. sont levées, et je gagne, par conséquent, la différence entre 1,640 fr. et 1,660 fr.

Si, au contraire, les cours sont en baisse, je perds, il est vrai, sur le prix auquel j'ai acheté à prime, dont 20, mais j'ai pour compensation le bénéfice produit par la vente, dont 10.

Si, enfin, les cours sont, à peu de choses près, au pair, c'est-à-dire si au jour de la liquidation obligatoire, ou encore le jour où, par une réflexion quelconque, je me sens décidé à liquider mon opération, mes actions sont cotées à 1,645 fr., mon acheteur m'abandonne la prime que je lui ai vendue, et je rachète mes 100 actions avec 5 fr. de bénéfice.

Nous terminerons notre revue des opérations à primes, en parlant succinctement de la vente à découvert qui se pratique sur une large échelle depuis quelques mois.

Disons tout d'abord qu'il faut, pour opérer dans cette voie, posséder deux choses ou plutôt deux qualités éminentes, *car ce sont bien réellement des qualités,* beaucoup d'argent ou de crédit, et une grande habileté étayée d'une longue expérience du marché spécial et de la situation générale financière.

Il y a des gens, et le nombre de leurs opérations s'était accru prodigieusement depuis le mois de mai, qui ont gagné constamment et dans de fortes proportions. Les résultats ont en effet justifié toutes leurs appréciations de l'avenir.

Il n'en est pas moins vrai que ce genre de spéculations, ou bien plus exactement que ce jeu, est infiniment dangereux. Qu'il arrive en effet, ce que nous voyons si souvent en Bourse, un de ces revirements soudains, tels que celui qui a eu lieu jeudi dernier, et MM. les vendeurs de primes à découvert sont obligés de coopérer eux-mêmes à leur propre étranglement; car, pour éviter une ruine imminente, ils sont forcément amenés à racheter du ferme pour parer au débordement de leurs primes. Il est vrai qu'en même temps, et lorsqu'ils peuvent penser que le mouvement n'aura pas de durée, ils ont la ressource de pouvoir revendre à des prix comparativement plus élevés, des masses de primes nouvelles.

Mais, qu'ils se trompent, que la hausse continue, et les plus grandes fortunes peuvent se trouver compromises.

En résumé, et dans aucun cas, le spéculateur

sérieux, le petit joueur, disons le mot, ne doivent se lancer dans des opérations du genre de celles que nous venons d'énoncer. En résumé, l'homme prudent, ne doit se servir de la prime que comme d'une garantie ou d'un correctif de perte.

XIII

Du Report.

Le report n'est pas autre chose en réalité qu'un prêt sur nantissement d'effets publics, pour le capitaliste qui emploie ses fonds à des reports.

Pour l'emprunteur, c'est de l'argent qu'il emprunte à un taux variable, afin de pouvoir continuer une opération qui le mettrait en perte un jour de liquidation, et qui, suivant ses prévisions doit, au contraire, lui donner des bénéfices au moyen de l'attermoiement.

Pour le prêteur, l'opération du report consiste simplement à acheter au comptant telle quantité de rentes ou d'autres valeurs, et à la revendre dans le même moment à terme, afin de bénéficier de la différence entre le prix du comptant et celui du terme, différence représentée par la valeur du report.

En effet, les négociations à terme, sauf des exceptions infiniment rares, sont toujours plus chères que celles au comptant.

Ainsi, par exemple, à la liquidation dernière, le 3 0/0 était dans les derniers moments de la Bourse à 66 fr. 79 c. en moyenne. Possédant une certaine somme et trouvant que le taux du report, lequel était de 80 c. environ, devait me produire un placement avantageux de 12 0/0 l'an; j'ai prêté à un acheteur qui ne pouvait ou ne voulait lever son titre, le capital nécessaire pour qu'il pût réellement rester détenteur de ses 3,000 fr. de rente. J'ai donc acheté, en résumé, pour 66,750 fr. au comptant, ce que j'ai revendu immédiatement à terme au prix de 67,550 fr.; donc, j'ai gagné 800 fr., qui représentent le report à 80 cent.

D'autre part, et par suite de la hausse rapide qui a eu lieu jeudi, mon emprunteur a bien autrement bénéficié, puisque sa vente portée d'abord à 66 fr. 75 c., ensuite à 67 fr. 55 c. par le report, a pu être liquidée hier par lui à 68 fr. 25 c. et 68 fr. 50 c.

Nous avons dit que le report était une espèce de prêt sur nantissement de valeurs publiques et industrielles. Mais, pour éviter toutes les difficultés qui pourraient résulter d'une transmission légale, dont les lenteurs seraient une difficulté insurmontable en Bourse, voici comment on opère.

On suppose que l'emprunteur, qui est porteur réel ou porteur fictif d'un titre quelconque, mais qui ne veut pas changer sa position d'acheteur, vend à son prêteur ses propres titres pour le montant de la somme prêtée; de cette manière on évite toute existence de contrat.

On suppose par suite, qu'au même instant, le prêteur revend à l'emprunteur à échéance de la liquidation suivante les titres reportés contre le remboursement du capital prêté; cela fait que l'emprunteur reçoit du prêteur la somme stipulée, déduction faite toutefois de la prime du report, laquelle représente le loyer de l'argent prêté.

Dans le cas où un acheteur sérieux ou spéculateur simplement, ne peut trouver à emprunter pour continuer sa position, il est de droit exécuté ; c'est-à-dire qu'au dernier moment de la liquidation courante, celui qui est son vendeur depuis qu'il a acheté le force à vendre, quelque soit le prix de compensation. Ce prix, d'ailleurs, résulte toujours d'une moyenne établie au dernier instant par le parquet des agents de change.

L'opération du report est, pour celui qui veut se faire reporter, un moyen qui souvent l'exempte d'une perte réelle, mais elle est toujours onéreuse, et dans la position la plus favorable, elle a toujours pour résultat d'amoindrir le bénéfice.

Pour le capitaliste prêteur, au contraire, c'est l'opération la plus sûre qu'il puisse faire ; c'est en même temps la plus raisonnablement avantageuse.

En effet, si nous prenons la moyenne du taux des reports depuis trois ou quatre années, nous trouvons que l'intérêt produit accuse une moyenne de 10 0/0 l'an au minimum.

A coup sûr, si nos capitalistes étaient tous raisonnables, on ferait là un rendement bien suffisant, et l'on ne verrait plus à chaque liquidation l'argent se raréfier à ce point que, dans certaines occasions, il s'est fait payer au-delà de 18 0/0. Mais, on entre soi-même dans la spéculation par l'attrait de l'inconnu, 10, 12 0/0 semblent méprisables aux yeux des gens qui comptaient assez sur leur infaillibilité pour ne pas penser à la perte, quelquefois même à la ruine totale, toujours possible dans le jeu de bourse.

En résumé, l'élévation du prix de report est toujours un indice du plus ou moins d'embarras, du plus ou moins de facilités qui se représentent de chaque liquidation de mois ou de quinzaine.

Quand l'argent est abondant, le report se détend naturellement ; quand au contraire il est rare, le report s'élève à un intérêt tel, qu'il faut ou une foi bien robuste dans l'avenir, ou des circonstances bien fortes pour se déterminer à le subir.

Ainsi, de novembre 1855 à juin 1856, le report a été à des écarts tels, qu'il devenait une charge si lourde, qu'à fin de compte, il a été l'une des causes principales qui ont décidé l'affaissement général qui, depuis juillet, est venu déprécier toutes nos valeurs dans de fortes proportions.

Et on comprendra facilement le résultat, en considérant que les gens qui se font habituellement reporter, ne sont pas en général des détenteurs sérieux, mais la plupart du temps des acheteurs à découvert. Or, il arrive un moment où l'accumulation des reports subis, quand elle se joint à une baisse continue pendant quelques mois, finit par amener une de ces situations plus fortes que le crédit ou les ressources personnelles du spéculateur. De là, ces exécutions fréquentes qui se représentent à chaque liquidation.

CHEMINS DE FER

CHEMINS DE FER

I

Les chemins de fer ont été lents à se populariser en France. Ce n'est que lorsque l'expérience a été complète chez les autres nations européennes que nous nous sommes décidés à accueillir cette industrie et à lui donner une franche hospitalité. Pendant longtemps la France n'a possédé que les petites lignes de la rive gauche, de Saint-Germain et de Versailles; elle ne comptait encore en 1846 que 946 kilomètres de voies ferrées, lorsque la Belgique en avait 559, l'Allemagne, 3,259; la Grande-Bretagne, 3 400, et les Etats-Unis, 8,500.

Les premières voies de quelque importance furent celle d'Orléans, concédée en 1838, et celle de Rouen, en 1840.

La loi du 11 juin 1842 vengea enfin le nouveau système de communication de ce long délaissement dont il avait été l'objet, et ordonna l'établissement de ce vaste réseau dont l'exécution se poursuit encore de nos jours.

La France avait hâte de regagner le temps perdu. Les principales dispositions de la loi nouvelle portaient qu'il serait établi un système de chemins de fer se dirigeant de Paris :

Sur la frontière de Belgique, par Lille et Valenciennes ; sur l'Angleterre, par un ou plusieurs points du littoral de la Manche; qui devaient être ultérieurement désignés ;

Sur la frontière d'Allemagne, par Nancy et Strasbourg;

Sur la Méditerranée, par Lyon, Marseille et Cette ;

Sur la frontière d'Espagne, par Tours, Poitiers, Angoulême, Bordeaux et Bayonne ;

Sur l'Océan, par Tours et Nantes ;

Sur le centre de la France, par Bourges.

De la Méditerranée :

Sur le Rhin, par Lyon, Dijon et Mulhouse ;

Sur l'Océan, par Marseille, Toulouse et Bordeaux.

L'exécution des grandes lignes devait avoir lieu par le concours de l'Etat, des départements traversés, des communes intéressées; les lignes pouvaient aussi être concédées en totalité ou en partie à l'industrie privée, en vertu de lois spéciales et aux conditions, dans ce dernier cas, déterminées lors de l'adjudication.

Les terrassements, les ouvrages d'art et les stations devaient être à la charge du gouvernement; la pose de la voie de fer, y compris l'ensablement, le matériel d'exploitation, les frais d'entretien et de réparation, à la charge des compagnies.

A l'expiration du bail, la valeur de la voie et du matériel serait remboursé à dire d'expert, à la compagnie sortante, par la compagnie prenante ou par l'Etat.

La loi ouvrant un à-compte de 126 millions pour

la construction de chemins projetés, cette somme se répartissait ainsi :

A l'établissement du chemin de Paris à la frontière belge, par Amiens, Arras et Douai, 43 millions;

A la partie du chemin de l'Est comprise entre Strasbourg et Hommasting 11 millions 50,000 fr.

A la partie commune aux lignes de Paris à la Méditerranée, et de la Méditerranée au Rhin, entre Châlons et Dijon, 11 millions :

A la section comprise entre Avignon et Marseille, 30 millions ;

Entre Orléans et Tours, 17 millions ;

Entre Orléans et Vierzon, 12 millions ;

Une somme de 1.500,000 fr. affectée à l'achèvement des études du transit complétait le chiffre de 126 millions.

Tel est le point de départ de ce vaste réseau de voies ferrées qui, achevées ou en voie de construction, couvre aujourd'hui la France et l'enveloppe de toutes parts. La pensée première de ce réseau a dû naturellement se modifier selon les convenances et les besoins des populations, ainsi que nous le verrons dans l'étude successive que nous allons consacrer à chacune de ces lignes de chemins de fer.

Ces préliminaires nous ont paru nécessaires pour mieux faire comprendre les rapides développements qu'a prise en France l'industrie des chemins de fer. Accueillie d'abord avec prévention, elle a bientôt rallié à elle la faveur publique ; les évaluations les plus favorables ont été dépassées du premier jour où elle a fonctionné, et aujourd'hui que l'expérience se fait, à voir les proportions qu'elle prend chaque jour, les besoins de locomotion qu'elle surexcite, les services de toute nature qu'elle rend, c'est à peine si l'on peut encore mesurer bien exactement tout l'avenir qui lui est réservé.

II

Compagnie du chemin de fer de Paris à Orléans.

Si nous suivions l'ordre indiqué par la chronologie, nous devrions commencer cette étude des lignes ferrées françaises par le chemin de Bordeaux à la Teste, dont la date d'autorisation remonte au 28 février 1838. Mais ce chemin ayant été affermé à la compagnie du Midi, et n'ayant pas par conséquent d'existence qui lui soit propre, trouvera plus opportunément sa place dans la notice que nous consacrerons à la compagnie du Midi.

La ligne de Paris à Orléans est le première de de quelque importance qui ait été ouverte à Paris ; la concession en fut accordée le 7 janvier 1838, à M. Casimir Lecomte et Compagnie, avec privilége d'exploitation, à date du 15 juillet 1840. Une ordonnance du 13 août 1838 autorisa la Société anonyme qui se constitua au capital de 40 millions, divisé en 80 mille actions de 500 fr. Dans le privilége, l'État garanti sait un minimum d'intérêt de 4 0/0 pendant quarante-six ans trois cent vingt-quatre jours, à la charge d'employer annuellement 1 0/0 à l'amortissement du capital social.

Le chemin d'Orléans ne comprenait tout d'abord que la ligne de Paris à Corbeil, d'une étendue de 31 kilomètres, et que la ligne de Paris à Orléans d'une étendue de 121 kilomètres. La loi de 1842 lui ouvrit de plus vastes horizons et en fit la tête des chemins de Nantes, de Bordeaux et du Centre.

Le chemin d'Orléans à Bordeaux fut adjugé le 9 octobre 1844, à MM. Laurent, Luzarches et Mackensie, pour une durée de vingt-sept ans deux cent soixante dix-huit jours. Il se constitua en Société anonyme, par ordonnance du 16 mai 1845, au capital de 65 millions divisé en 130,000 actions de 500 fr. La loi du 6 août 1850 prorogea jusqu'à cinquante années la durée de la concession. Moyennant cette augmentation, la compagnie s'engageait à terminer à ses frais les travaux et à avancer d'un an la pose de la voie et l'ouverture de la ligne.

Le chemin de Tours à Nantes fut adjugé le 25 novembre 1845, à MM. O'neill, Mackensie et Drouillard, pour une durée de trente-quatre ans quinze jours. La Société anonyme, autorisée par ordonnance du 17 décembre 1845, se constitua au capital de 40 millions, divisé en 80 mille actions de 500 fr. La durée de la concession fut également portée à cinquante années par la loi du 5 août 1850, aux mêmes clauses que pour la compagnie de Bordeaux.

Le chemin du Centre allant d'Orléans à Vierzon avec embranchement sur Nevers et Limoges, fut concédé le 9 octobre 1844 pour trente-neuf ans onze mois, à une compagnie formée des administrateurs du chemin de fer d'Orléans. La Société anonyme, autorisée par ordonnance du 13 avril suivant, se constitue au capital de 33 millions, divisé en 66,000 actions de 500 fr.

Le décret du 27 mars 1852, autorise la fusion de ces quatre compagnies en une seule. La cession des compagnies d'Orléans à Bordeaux, de Tours à Nantes et du Central au profit de celle d'Orléans, se fit aux conditions suivantes :

La compagnie d'Orléans à Bordeaux recevait *une* action entièrement libérée d'Orléans contre *trois* de ses actions.

La compagnie de Tours à Nantes, *une* action entièrement libérée, contre *quatre* de ses actions libérées de 425 fr.

La compagnie du Centre *une* action entièrement

libérée contre *deux* de ses actions entièrement libérées.

Le nombre des actions des compagnies fusionnées se trouvait ainsi réduit :

Celles d'Orléans à Bordeaux à 43,334, au lieu de 130,000 ;

Celles de Tours à Nantes à 20,000, au lieu de 80,000 ;

Celles du Centre à 33,000, au lieu de 66,000.

En comprenant les 80,500 actions de Paris à Orléans, le chiffre total à 176,334, soit au capital à 88,167,000 fr ; mais la nouvelle société, en vue de nouveaux prolongements, demanda et obtint l'autorisation de porter son capital à 150 millions, divisés en 300,000 actions.

Les actions nouvelles furent émises à 600 fr.

L'exploitation actuelle de la ligne d'Orléans comprend les lignes suivantes : de Paris à Corbeil, de Paris à Orléans, d'Orléans à Tours, de Tours à Bordeaux, de Tours à Nantes, d'Orléans à Vierzon, de Vierzon à Châteauroux, de Vierzon au Guétin, du Guétin à Nevers, du Guétin à Varennes, en tout 1,122 kilomètres.

La compagnie a obtenu depuis la concession de nouveaux embranchemens :

1° Le prolongement de Châteauroux à Limoges ;

2° Le prolongement de Guétin à Clermont, avec embranchement de Saint-Germain-des-Fossés sur Roanne ;

3° L'embranchement de Poitiers sur La Rochelle et Rochefort.

Enfin, le décret du 17 avril 1853 a concédé à la même société le chemin de Tours au Mans et le prolongement de Nantes à Saint-Nazaire.

L'étendue de ces lignes concédées sera de 497 kilomètres, ce qui portera l'exploitation totale à 1,650 kilomètres à peu près.

Les embranchements de Poitiers sur La Rochelle et Rochefort, le chemin de Tours au Mans et le polongement de Nantes à Saint-Nazaire sont aux frais de la compagnie; les autres travaux doivent être exécutés par l'Etat.

Par suite de ces modifications dans le cahier des charges, l'Etat garantit aux actionnaires un minimum d'intérêt de 4 0/0 du capital de 150 millions, et la concession est portée à soixante-dix-neuf ans qui ont commencé à courir le 1er janvier 1852. Le gouvernement a renoncé en outre à toute participation aux bénéfices de l'exploitation.

La compagnie du chemin de fer de Paris à Orléans est en outre associée pour un tiers dans la compagnie du chemin de fer de Paris à Lyon par le Bourbonnais, et pour un cinquième dans le chemin de ceinture autour de Paris; enfin un traité de rachat a été signé par cette compagnie et celle du chemin de fer de Paris à Orsay, mais ce traité n'a pas encore été ratifié par le gouvernement.

III

Nous avons suivi la compagnie du chemin de fer de Paris à Orléans dans les développements successifs de son réseau, il nous reste à examiner la situation financière de l'entreprise, et à pressentir son avenir par le passé et par le présent.

Ainsi que nous l'avons vu, le capital social est de 150,000,000 de fr. divisé en 300,000 actions, libérées au porteur de 500 fr. chacune, dont l'amortissement a commencé en 1853 pour finir en 1951. Les actions appelées par voie de tirage au sort au remboursement cessent d'avoir droit à l'intérêt de 3 0/0 et sont remplacées par des actions de dividende.

La compagnie d'Orléans, en dehors de son capital social, a été obligée à contracter divers emprunts sur obligations :

En 1842, elle a émis 8,888 obligations à 1,125 fr., remboursables à 1.250 fr. en 47 tirages annuels de 1855 à 1891, et jouissant d'un intérêt annuel de 40 fr. payable par moitié le 1er janvier et le 1er juillet. Les tirages ont lieu en décembre et le remboursement des obligations sorties a lieu le 1er janvier suivant.

En 1848, la compagnie a émis 13,333 obligations à 750 fr. remboursables en 90 tirages annuels, de 1849 à 1938.

En 1852, elle a émis 150,000 obligations à 500 fr. en 97 tirages annuels, de 1855 à 1950, et jouissant d'un intérêt annuel de 15 fr. payable par moitié le 1er janvier et le 1er juillet de chaque année. Les tirages ont lieu en décembre, et le remboursement des obligations sorties, le 1er janvier suivant.

En 1854, émission de 130,000 obligations remboursables à 500 fr. en 97 tirages annuels, et jouissant d'un intérêt annuel de 15 fr. payable par moitié les 1er janvier et 1er juillet de chaque année.

Enfin en 1855, nouvelle émission de 150,000 obligations remboursables à 500 fr. en 96 tirages annuels de 1855 à 1950, et jouissant d'un intérêt annuel de 15 fr. payable par intérêt le 1er janvier et 1er juillet de chaque année. Les tirages de ces deux dernières émissions se font comme le précédent en décembre, et le remboursement des obligations sorties, le 1er janvier suivant.

La première année de l'exploitation a donné en recettes 257,042 fr. 10 c. contre 251,636 fr. 88 c. en dépenses. Il en est donc résulté pour la compagnie un bénéfice net de 5,405 fr. 22. c. Dans la deuxième année, les recettes se sont élevées à 1,172,055 fr. 57 c., ce qui porte les bénéfices à 382,297 fr. 46 c. En 1842, les recettes atteignent 1,200,937 fr. 56 c.; les dépenses, 656,116 fr. 68 c. et les bénéfices, 544,820 f. 87 c. En 1843, les recettes de 4,263,439 f. 38 c., les dépenses de 1,976,748 fr. 41 c., et les bénéfices de 2,287,292 fr. 57 c.

Dès ce moment la progression s'opère sur une plus vaste échelle, et les porteurs d'actions commencent à toucher, outre les intérêts, des dividendes qui vont s'accroître chaque année. De 1844, le chiffre des recettes s'élève à 6,901,786 fr. 20 c., la dépense à 3,286,662 fr. 87 c. Les bénéfices sont de 3,615,123 fr. 33 c., et le dividende augmenté des intérêts arrive à 39 fr. 25 c. En 1845, les recettes atteignent 791,436 fr. 83 c., les dépenses 3,541,705 fr. 97 c., et la compagnie distribue en intérêt et dividende 47 fr. 30 c. Ce chiffre est porté à 61 fr. en 1846, à 62 fr. 70 c. en 1847. L'année 1848 voit tomber les bénéfices à 3,781,018 fr. 94 c. au lieu de 5,784,642 fr. 95 c., chiffre de l'année précédente, et l'intérêt et dividende s'abaissent à 42 fr. 80 c., mais ce n'est là qu'un moment de crise passagère, et, dès l'année suivante, le mouvement de progression dans les recettes se rétablit. L'intérêt accru du dividende atteint en 1849, 57 fr.; en 1850, 57 fr. 73 c.; en 1851, 63 fr. 50 c.

En 1852, les nouvelles actions émises reçoivent 48 fr. 40 c.; en 1853, 62 fr. 10 c.; en 1854, 69 fr., et enfin en 1855 la compagnie réalise en recettes 57, 378,719 fr.; 98 c.: elle dépense 30,951,762 fr. 19 c., et elle peut distribuer à ses actionnaires 80 fr.

Ce magnifique résultat fut dû sans doute en partie au mouvement extraordinaire de circulation que détermina l'Exposition universelle de l'industrie; mais après les circonstances exceptionnelles qui l'avaient produit, ce mouvement, sans se prononcer dans d'aussi flatteuses proportions, n'en a pas moins continué dans les conditions les plus favorables. Du 1er janvier au 15 octobre dernier, les recettes d'Orléans s'élèvent à 39,828,540 fr. 77 c., et malgré les pertes et chômages qui ont été cette année la conséquence des inondations, elles ne sont inférieures que de 1,549,319 fr. 43 c. à celles de 1855. Le revenu probable des actions d'Orléans pour 1856 peut, dès ce moment, être évalué à 85 fr. par action.

Nos lecteurs pourront suivre, d'après le tableau ci-après, les variations qu'ont subies les actions du chemin d'Orléans, et comparer les plus hauts et les plus bas cours depuis l'établissement de la Société.

	plus haut.		plus bas.	
	Fr.	c.	F.	c.
En 1838	565	»	460	»
1839	477	50	430	«
1840	550	»	420	»
1841	517	50	475	»
1842	633	75	505	»
1843	840	»	615	»
1844	1,152	50	830	»
1845	1,410	»	1,155	«
1846	1,350	»	1,195	»
1847	1,281	25	1,130	»
1848	1,220	»	385	»
1849	900	»	680	»
1850	875	»	682	50
1852 (1)	1,800	»	1,665	»
1853	1,620	»	1,600	»
1854	1,260	»	1,005	»
1855 (2)	1,247	»	1,085	»

En 1856, elles ont, à plusieurs reprises, entrevu le cours de 1,400 fr., mais elles ont dû subir l'influence de la crise qui pèse depuis quelques mois sur le marché, et elles luttent maintenant entre 1,325 et 1,375.

(1) Actions anciennes.
(2) Actions nouvelles.

Le dividende se paye une partie par anticipation avec les intérêts le 1er octobre et le solde le 1er avril suivant.

L'assemblée générale ordinaire a eu lieu en mars; elle se compose des porteurs d'au moins 20 actions Chaque membre a autant de voix que de fois vingt actions, sans pouvoir dépasser cinq voix.

IV

Compagnie du chemin de fer du Nord.

Le chemin de fer du Nord fait partie du vaste réseau de railway dont l'établissement a été ordonné par la loi du 11 juin 1842, et dont le tracé fut arrêté par la loi du 26 juillet 1844.

La ligne se composait primitivement du chemin de Paris à la frontière belge, par Lille et Valenciennes, d'une étendue de 335 kilomètres, et du chemin de Lille à Dunkerque et à Calais, comprenant 143 kilomètres.

Le chemin de Paris à la frontière de Belgique avec les embranchements de Calais et Dunkerque fut mis en adjudication le 9 septembre 1845, avec un maximum de durée de 41 ans. Une seule compagnie, représentée par MM. de Rothschild, Hottinguer, Laffitte et Blount se présenta. Elle offrait un rabais de trois ans sur le maximum, et par conséquent elle fut déclarée adjudicataire pour trente-huit ans.

Une ordonnance du 20 septembre de la même année autorisa la compagnie à se transformer en société anonyme, au capital de 200 millions, divisés en 400,000 de 500 fr.

L'embranchement de Creil à Saint-Quentin fut mis en adjudication le 20 décembre 1845, avec un maximum de durée fixé à soixante-quinze ans. Quatre compagnies se présentèrent; la compagnie représentée par MM. de Rothschild, Hottinguer, Laffitte et Blount, déjà concessionnaire de la ligne de la frontière belge, offrit une réduction de cinquante années et trente jours, et fut déclarée adjudicataire pour vingt-quatre ans trois cent trente-cinq jours, à la charge d'exécuter dans le délai de trois ans, à ses risques et périls, tous les travaux nécessaires à l'établissement du chemin; la compagnie fut autorisée à se transformer en société anonyme, par ordonnance du 24 avril 1846, au capital de 30 millions, divisés en 60,000 actions.

L'embranchement d'Amiens à Boulogne, qui complétait le réseau primitif, avait été concédé par adjudication à une compagnie représentée par MM. Laffitte et Blount, et la société anonyme, autorisée par ordonnance du 29 mai 1845, se constitua au capital de 37,500,000 de fr., divisés en 75,000 actions de 500 fr.

Le chemin du Nord a inauguré le système de fusion que nous avons vu plus tard s'exercer sur une large échelle. Ici la fusion des embranchements avec la ligne principale ne devait pas rencontrer des difficultés bien sérieuses, puisque les fondateurs des divers embranchements appelés à fusionner étaient les mêmes que les fondateurs de la ligne principale.

Le 1er avril 1847 la compagnie de Creil à Saint-Quentin se réunit à celle du Nord, et le 19 février 1852 celle d'Amiens à Boulogne opéra sa fusion à son tour.

Le réseau complet se trouve ainsi comprendre la

ligne de Paris à la frontière belge, comprenant 335 kilomètres : celles de Lille à Dunkerque et Calais, comprenant 143 kilomètres; celle de Creil à Saint-Quentin, comprenant 106 kilomètres, et celle d'Amiens à Boulogne, comprenant 124 kilomètres; en tout, 708 kilomètres.

Le traité intervenu le 19 février 1852 entre l'Etat et la compagnie du Nord, a modifié de la manière suivante les conditions de la concession primitive.

La compagnie a pris l'engagement de construire : 1° un chemin de fer se dirigeant sur la frontière belge, au-delà de Maubeuge, destiné à se relier avec celui de Charleroy; 2° un embranchement partant de la ligne ci-dessus vers Le Cateau et allant se relier à la ligne du Nord vers Somain; 3° un embranchement sur la ligne de Saint-Quentin allant de la Fère à Reims, où il se réunira au chemin de Reims à Épernay.

Par suite de ces conditions, la durée de la concession de la compagnie du Nord a été prorogée de plus des deux tiers et portée à quatre-vingt-dix ans, qui courront du 10 septembre 1848 et finiront le 9 septembre 1947.

Le 13 avril 1853 est intervenu entre l'Etat et la compagnie un nouveau traité d'après lequel la compagnie s'engage à construire un chemin direct de Paris à Creil, se détachant de la ligne actuelle près de Saint-Denis et se rejoignant près de Saint-Leu. La durée fixée pour la construction de l'embranchement de La Fère à Reims est réduite de neuf ans à quatre ans; la ligne du Cateau à Somain sera remplacée par un embranchement reliant le chemin principal à celui de Maubeuge et passant par Cambrai.

Les actions de la compagnie du Nord, primitivement de 500 fr., ont été libérées à 400 fr., et le capital, porté d'abord à 200 millions, s'est ainsi trouvé réduit à 160 millions. Par suite des dernières concessions, le chemin de fer du Nord comprend une étendue de 995 kilomètres, dont 796 sont en exploitation et 199 en construction.

L'État est créancier de la compagnie de tous les travaux de la ligne principale, Paris à Quiévrain et Mouscron; au 31 décembre 1855, il restait à rembourser 20 millions.

La compagnie du chemin du Nord est en outre associée pour un cinquième dans le chemin de ceinture autour Paris.

V

Nous avons dit que l'etendue de la concession du chemin de fer du Nord comprenait 971 kilomètres, qui se décomposait en 792 kilom. en exploitation et 179 en construction.

Les sections en construction sont :

1° De Tergnies à Reims, comprenant 80 kilomètres, dont une première partie de 50 kilomètres était très-avancée au commencement de l'année 1856; la seconde, de 30 kilomètres, entre Laon et La Fère, doit être terminée au mois de mars 1857.

2° De Busigny à Somain, comprenant 49 kilomètres. L'époque de l'achèvement n'est pas encore déterminée.

3° De Saint-Denis à Creil, comprenant 45 kilomètres. On compte sur l'achèvement pour le 13 août 1858.

4° De Noyelle à Saint-Valery, comprenant 5 kilomètres. L'exécution a été commencée au mois d'avril 1856.

Les dépenses faites sur ces lignes pendant l'année 1855 se sont élevées à 12 millions 600,000 francs.

Outre le capital réalisé de 160 millions, divisé en 400,000 actions libérées au porteur de 400 fr. l'une, la Compagnie du Nord a été autorisée à contracter six emprunts différents par obligations.

1° Le premier résultant de la conversion des actions du chemin de fer de Boulogne, consiste en 75,000 obligations remboursables en 75 tirages annuels, de 1852 à 1926, et jouissant d'un intérêt de 15 fr. par an, payables les 1er juillet et 1er janvier de chaque année. Les tirages ont lieu en avril et le remboursement s'effectue le 1er juillet suivant.

Le deuxième, contracté directement par la Compagnie de Boulogne et reconnu par celle du Nord, consiste en 2,363 obligations remboursables à 500 fr. en 16 tirages annuels, et jouissant d'un intérêt annuel de 20 fr., payable en une seule fois le 1er août.

Le troisième, contracté en 1852, se compose de 75,000 obligations jouissant des mêmes avantages que l'emprunt n° 1, et remboursables en 74 tirages, de 1853 à 1926.

Le quatrième, contracté en 1854, se compose également de 75.000 obligations émises dans les mêmes conditions que le précédent, et remboursables en 73 tirages, de 1854 à 1926.

Le cinquième, contracté en 1854, se compose aussi de 75,000 obligations, émises dans les mêmes conditions que le précédent et remboursables en 72 tirages, de 1855 a 1926.

Enfin le sixième, contracté en 1855, comprend également 75,000 obligations, émises dans les mêmes conditions que les précédentes. Les obligations des emprunts 1, 3, 4, 5 et 6 se négocient sans spécification d'émission, c'est-à-dire que si vous demandez des obligations du Nord, on vous livre indifféremment des obligations de ces cinq émissions.

Par traité du 17 juin 1853, la Compagnie du Nord a pris à bail la ligne de Charleroi à Erquelines pour toute la durée de la concession moins un jour. Elle sert aux actions de cette Compagnie, au nombre de 17,428, un intérêt fixe annuel de 16 fr. 87 c. 1/2 par action, payable par semestre, les 1er janvier et juillet à partir du 1er juillet 1854, et pourvoiera à leur remboursement au taux de 562 fr. 20 c. en 88 tirages annuels.

L'exploitation du chemin de fer du Nord a été en progrès constant. La première année de l'exercice a produit une recette de 5,880,297 fr. 70 c.; la dépense s'étant élevée à 2,466.507 fr. 43 c., le bénéfice a donc été de 3,413,790 fr. 27 c. Dès la deuxième année, les recettes ont été portées à 14,936,971 fr. 89 c., et les dépenses à 6,468,870 fr. 66 c.; en 1854, les recettes atteignaient 38,507,372 fr. 79 c., et les dépenses 14,377,861 fr. 02. Enfin, en 1855, les produits sont arrivés à 47,866,168 fr. 12 c., et les dépenses à 18,053,927 fr. 98 c.

En 1847, le chemin de fer du Nord a distribué à ses actionnaires, en intérêts et dividendes, 18 fr. 95 c.; en 1851, époque à laquelle l'exploitation de la ligne d'Amiens à Boulogne a été comprise dans les recettes et dépenses d'exploitation de la Compagnie du Nord, il á été distribué 36 fr.; en 1854, il en a été distribué 50 fr. 50 c., et enfin, en 1855, 61 fr.

Les actions du chemin de fer du Nord sont venues sur la place avec une prime de 400 fr., et elles se sont négociées tout d'abord de 800 à 650 fr. Dans la crise de 1847, elles se sont affaiblies à 505 fr., et enfin, après 1848, elles sont tombées à 302 fr., leur cours le plus bas. Dans la campagne de hausse qui suivit 1851, elles se sont vigoureusement relevées, et en 1852, époque où l'action, jusqu'alors de 500 fr., fut réduite et libérée à 400 fr., elles atteignirent le prix de 965 fr : en 1853, elles ont varié de 940 à 797 fr.; en 1854, de 891 à 696, et en 1855, de 932 à

830. Enfin, en 1856, elles ont un moment dépassé 1,100 fr., sont retombées aux environs de 900, cours dans lequel elle se débattent aujourd'hui, et sur lequel s'établit la discussion.

L'amortissement des 400,000 actions du chemin du Nord commencera en 1908, pour être terminée en 1947. Il aura lieu par voie de tirage au sort.

Les bénéfices nets de l'exploitation sont répartis de la manière suivante : une retenue pour former la réserve, qui ne peut excéder 2 millions ; une retenue pour former le fonds d'amortissement ; ce fonds sert d'abord à reconstituer la dette envers l'Etat, il est ensuite affecté à l'amortissement au pair des actions, les intérêts à 4 0/0 du capital des actions, payés en une fois, le 1er janvier ; le surplus forme le dividende, réparti entre toutes les actions amorties ou non amorties le 1er juillet.

VI

Il nous reste pour compléter notre étude sur le chemin de fer du Nord à apprécier l'entreprise au point de vue de son avenir financier.

Le tableau des recettes du chemin de fer du Nord de 1849 à 1855, fait ressortir pour une période de six années une augmentation brute de 30,274,000 f. ; il constate en outre que le revenu kilométrique moyen s'est élevé en 1855, comparativement avec celui de 1849, de 35,922 fr. à 67,945 fr. ; ce qui donne une différence en plus de 32,023 par kilomètre, soit 49 p. 0/0 en moyenne. Ces résultats ont été d'autant plus remarquables qu'ils ont été obtenus malgré réduction successive à la ligne principale des embranchements de Calais, de Dunkerque, de Boulogne et de Saint-Quentin, dont les recettes spéciales sont encore faibles, quoiqu'elles aient augmenté de 40 p. 0/0 depuis l'ouverture des exploitations.

Mais un nouveau chemin se détachant à Saint-Denis de la ligne principale, se dirigeant de Creil par Louvre et Marly, la ville devra recueillir le trafic d'une seconde banlieue de Paris, empruntant de Creil à Saint-Quentin les rails de l'embranchement resté à l'état d'impasse jusqu'alors, il atteindra Charleroi, où la production de ce riche bassin houiller, qui n'était que de 305,000 tonnes en 1834, s'est élevé à 2,259,000 tonnes en 1854, ayant ainsi sextuplé en vingt ans, moins un faible parcours appartenant de l'État belge. La compagnie française prolonge ses rails jusqu'à Liége ; elle possède la route la plus directe de Paris à Berlin, et l'achèvement du pont sur le Rhin à Cologne lui donnera pour tributaires toutes les contrées du Nord de l'Europe.

L'exécution des raccordements de Busigny à Somain et de Teignier à Reims, établie entre cette ville industrieuse et les ports de Calais et de Dunkerque, une autre grande ligne qui deviendra la route la plus courte de l'Angleterre vers la Suisse, et qui donnera une issue vers les provinces de l'Est de la France aux bassins houillers de Charleroi, de Mons et de Valenciennes. Telle est l'importance de cette jonction directe, que le parcours des wagons de la compagnie de l'Est par le chemin de ceinture de Paris sur les rails de la compagnie du Nord, a été en 1854 de 1,237,000 kilomètres, et que réciproquement, le parcours des wagons du Nord sur les rails de l'Est a été de 3,546,000 kilomètres.

Sur cinq années, le nombre des tonnes de houille

transportées par le chemin de fer du Nord s'est élevé dans la proportion de 1 à 7. Les chiffres officiels démontrent l'accroissement énorme du trafic de la petite vitesse. En 1851, les produits se sont élevés à 8,451,000 fr. ; en 1852, à 11,061,000 fr. ; en 1853, à 14,804,000 fr. ; en 1854, à 19,058,000 fr. L'augmentation a été progressive au point d'être en 1854 le double de celle de 1852, et elle semble n'avoir d'autres limites que les moyens de transport.

Le matériel qui doit y pourvoir et les travaux qui doivent compléter l'ancien revenu, en augmentant sa puissance d'exploitation, sont exécutés au moyen d'emprunts ou rentes fixées, dont la charge annuelle par intérêts et amortissements sont modérés, si l'état du crédit public permet d'émettre les dernières obligations à un bon taux. Le capital social sera alors fixé comme il suit : 45 p. 0/0 versé par les actionnaires, 55 p. 0/0 fourni par les obligations. Or, dans une entreprise prospère, plus le capital fourni par les obligations est important relativement à la quantité des actions, plus la partie réservée aux actionnaires est considérable.

Traduire dès à présent par des chiffres les résultats financiers de l'entreprise, nous ne l'essayerons pas. Cependant, on peut déjà faire remarquer que le produit actuel de chaque kilomètre arrive à 68,000 fr. par an, et en tenant compte du progrès accompli, il est permis d'espérer que ce chiffre sera maintenu pour le revenu complet. Dans ce cas, le dividende de chaque action atteindrait 80 fr.

Le temps n'apportera au chemin de fer du Nord ni concurrence sérieuse, ni partage de bénéfices avec l'Etat. Aussi, nous croyons que les administrateurs de cette compagnie étaient fondés à dire dès 1853 dans l'assemblée générale : Notre entreprise verra s'accroître d'année en année la prospérité dont elle a joui jusqu'à présent.

VII

Compagnie du chemin de fer de Paris à Lyon.

Le chemin de fer de Lyon fait partie du grand réseau organisé par la loi du 11 juin 1852. Il ne comprenait primitivement que le parcours de Paris à Lyon par Châlons-sur-Saône, d'une étendue de 414 kilomètres, mais il s'est successivement développé par le fait de fusions, de rachats de lignes concédées et de concessions nouvelles, et il est arrivé aujourd'hui à une importance de 988 kilomètres, sur lesquels 655 sont en exploitation et 333 sont en construction ou à l'étude.

Le chemin de fer de Lyon avant d'arriver au degré de prospérité où nous le voyons aujourd'hui, a traversé des vicissitudes nombreuses qui ont un moment menacé son existence, du moins en tant que compagnie particulière.

Commencé au moyen d'un crédit de 71 millions voté par la loi du 20 juillet 1844, il fut mis en adjudication le 20 décembre 1845. Une seule compagnie représentée par MM. Ganneron, Ch. Laffitte, général Baudrand et Barillon se présenta, elle demandait une concession de quarante-deux ans; le maximum fixé par le ministre était de quarante-un ans quatre-vingt-dix jours, l'adjudication ne put avoir lieu; cependant la compagnie ayant déclaré accepter les conditions du gouvernement, fut reconnue adjudicaire at par ordonnance du 21 décembre suivant.

La compagnie se constitua en société anonyme au capital de 200 millions. En 1847, elle sollicita et obtint une modification au cahier des charges. D'après cette modification consentie par la loi du 9 août, les travaux de la traversée de Lyon, mis sur le compte de la compagnie, devaient être exécutés par l'État ; si les dépenses excédaient 216 millions, il serait accordé une prorogation de concession d'une année par million dépensé en plus.

A la suite de la révolution de 1848, le chemin de fer fut placé sous le séquestre, et la compagnie se mit en liquidation. Les actions se déprécièrent au point de tomber à 95 fr. Le 17 août de la même année, la compagnie obtint de se faire racheter par l'État aux conditions suivantes : il sera délivré aux actionnaires par chaque action de 500 fr., dont 250 f. versés, un titre de 7 f. 60 c. de rente 5 0/0, jouissance du 22 mars 1848. Les actionnaires qui déclareront avant le 1er septembre leur intention de verser les 250 fr. formant le complément de leurs engagements recevront un titre de 25 fr. de rente, jouissance du 22 mars 1848.

Le gouvernement reprit en conséquence les travaux de la ligne et l'exploitation des sections achevées.

Nous touchons enfin au terme des vicissitudes éprouvées par le chemin de Lyon. En 1852, le système de l'exploitation particulière prévalut encore, et le 5 janvier, la ligne entière fut accordée par voie de concession directe à une compagnie représentée par MM. Dassier, André, Baring, Bartholomy, Hottinguer, Sellière, duc de Galliera, etc., etc.

La concession eut lieu aux conditions suivantes :

La compagnie s'engage à terminer à ses risques et périls dans le délai de quatre ans la section de Châlons à Lyon ; à rembourser à l'État 114 millions, représentant les dépenses faites sur toute la voie, et à en payer l'intérêt jusqu'à l'entier remboursement.

Les sommes dépensées de la ligne de Paris à

Lyon, antérieurement à la concession nouvelle en travaux de toutes sortes, soit par l'ancienne compagnie, soit par l'État, ne s'élevaient pas à moins de 260.318,823 fr.; mais le bénéfice de ces dépenses incombait à la nouvelle compagnie en vertu de la loi de concession.

Le gouvernement garantissait en outre à la compagnie concessionnaire pendant cinquante années un minimum d'intérêt de 4 0/0, sans que ce minimum pût, en aucun cas, dépasser 8,965,400 fr. par an. Il garantissait également l'emprunt contracté par elle à la formation.

La concession était étendue à quatre-vingt-dix-neuf ans, à partir du 5 janvier 1856.

Au delà de 8 0/0 du capital dépensé et à partir de 1871, l'Etat entre dans le partage de l'excédant des produits nets annuels.

Enfin, la compagnie devait s'intéresser pour 1/5 dans l'entreprise du chemin de Ceinture autour de Paris.

Depuis ce moment, le chemin de fer de Paris à Lyon, débarrassé des entraves qui avaient arrêté ses premiers pas, a marché dans une voie constante d'amélioration, et a commencé à entrer en possession du magnifique avenir qui lui était promis.

En 1848, M. Dufaure plaidant à la tribune de la Constituante la cause du chemin de fer de Lyon, s'écriait que le réseau arriverait un jour à des recettes de 15 millions, et cette assertion était accueillie par une incrédulité unanime. Ces évaluations, si favorables alors, que nul n'y voulait croire, et qui n'étaient regardées que comme des arguments d'un avocat obligé de défendre par les meilleures raisons possibles une cause difficile, ces évaluations restent bien loin déjà aujourd'hui de la vérité. Les recettes de l'année 1855 sont arrivées au chiffre de 41,457,771 fr. 25 c.

Nous allons maintenant assister au développement progressif du chemin de Paris à Lyon et le voir étendre par les concessions nouvelles son réseau primitif.

VIII

Un décret du 17 août 1853 a ajouté à la concession primitive l'embranchement de la Roche à Auxerre par la vallée de l'Yonne aux conditions suivantes : la compagnie s'engage à exécuter cette section à ses risques et périls, sans subvention ni garantie d'intérêts, dans le délai de deux ans. La durée de la concession nouvelle est la même que celle de la ligne principale.

Le 15 octobre 1853, la compagnie de Lyon a réuni à sa concession la ligne de Dijon à Besançon et à Belfort, avec ses embranchements comprenant 215 kilomètres et demi, dont 182 sur la ligne de Dijon à Belfort et 33 1/2 sur l'embranchement d'Auxonne à Gray.

La loi du 21 juin 1846 autorisant la concession de la ligne de Dijon à Mulhouse, sous la dénomination de chemin de fer de la Méditerranée au Rhin, et dont la ligne de Dijon à Besançon est la première section, resta sans exécution par suite de la crise industrielle qui survint à cette époque. La loi du 12 février 1852 accorde la concession de la ligne de Dijon à Besançon à MM. Brevillot, Convers et Ce, pour 99 ans, à la charge pour la Compagnie d'exécuter à ses frais, risques et périls la ligne et ses embranchements sur Gray dans un délai de trois ans. La concession de la compagnie fut encore augmentée le 17 août 1853 du prolongement de Besançon à Belfort, passant par Baumes-les-Dames, Clerval,

Isle-sur-Doubs, Montbéliard. Le prolongement devait être exécuté sans subvention ni garantie d'intérêts, et être terminé dans trois ans, mais la compagnie devait user en commun, avec la compagnie de Paris à Mulhouse, des établissements de Belfort et de Mulhouse, et jouir d'une réduction de 25 0/0 sur le péage pour la circulation de ses trains entre Belfort et Mulhouse.

Le rachat de la ligne de Dijon à Besançon a eu lieu moyennant l'échange de 25,000 actions de la compagnie libérées de 250 fr. et d'une valeur nominal 6,250,000 fr. contre les 33,200 actions émises par la compagnie de Besançon, représentant, à raison de 350 fr. versés par action, un capital de 11,620,000 fr.; la compagnie de Lyon a ainsi réalisé un bénéfice de 5,370,000 fr.

Les délais accordés à la compagnie de Lyon sont de trois ans pour l'achèvement du chemin de Besançon à Belfort, à partir du 1er janvier 1855, neuf ans pour la construction des lignes de Châlons à Dôle et de Lons-le-Saulnier à Dôle, et de trois ans à partir de l'achèvement de toutes les autres sections pour terminer le chemin de Bourg à Lons-le-Saulnier.

Le 31 janvier 1855, la compagnie de Lyon a conclu avec les compagnies Darbois et du Grand-Central un traité pour la construction et l'exploitation à frais communs, d'un chemin de fer de Paris à Lyon par le Bourbonnais. Le traité a été sanctionné par décret impérial du 7 avril de la même année, et approuvé le 19 par l'assemblée général des actionnaires.

Le 19 avril 1855, la compagnie de Lyon a demandé et obtenu la concession d'un embranchement de Châtillon-sur-Ravière.

Enfin, le 5 avril 1856, la compagnie de Lyon a acquis la compagnie de Dôle à Salins, d'une longueur de 37 kilomètres, s'embranchant à Dôle sur la ligne de Dijon à Besançon, en allant à Salins en desservant les salines d'Arc et de Salins. Cette cession, approuvée par décret du 10 août 1856 a eu lieu aux conditions suivantes : la compagnie de Lyon s'oblige envers la société des anciennes salines de l'Est, à lui remettre 16 000 de ses obligations, portant 15 fr. d'intérêts, remboursables à 500 fr. en 99 ans et représentant une valeur de 4,480,000 fr., à lui payer en espèces 1,917,736 fr., plus une autre somme de 681,524 fr , soit ensemble 7,079,260 fr. Ces conditions remplies, la compagnie du chemin Lyon demeure substituée, tant antérieurement que passivement, en ce qui concerne le chemin de Dôle à Salins, au lieu et place de l'ancienne société des salines nationales de l'Est.

Pour continuer jusqu'à la frontière suisse le chemin de fer de Dôle à Salins, la compagnie de Lyon a demandé la concession de Salins aux Verrières, et elle s'est, dans ce même but, associée à l'entreprise de Verrières à Neufchâtel, déjà concédée à une compagnie suisse, prolongé jusqu'à La Thielle, frontière du canton de Berne. Ce chemin de fer y rejoindra le réseau central et se reliera ainsi à Berne, à Soleure, à Zurich et à toute la Suisse orientale. Par ses embranchements de Bondry et Vaumarcus, par Yverdun, il se rattachera au chemin de fer de l'Ouest et à tout le canton de Vaud.

Aux termes du traité, ces deux compagnies se réunissent à l'effet de former ultérieurement une société au capital de 10 millions de francs, pour l'exécution et l'exploitation du chemin de fer de Verrières à Neufchatel à La Thielle avec embranchement sur Vaumarcus. Le capital sera représenté par 20,000 actions de 500 fr. chacune et au porteur, après le versement de 200 fr. par action.

La compagnie du chemin de fer de Lyon est aussi intéressée pour un cinquième dans le chemin de ceinture autour de Paris.

La totalité du réseau de la compagnie du chemin de fer de Paris à Lyon comprend donc 987 kilomètres, sur lesquels 655 sont exploités ou seront livrés à l'exploitation vers la fin de 1857 : la ligne de Besançon à Belfort, 94 kilomètres; celle de Châlons à Dôle, 64 kilomètres; celle de Lons-le-Saulnier à Mouchard, 53 kilomètres; celle de Lons-le-Saulnier à Bourg, 62 kilomètres, et enfin la ligne de Dôle à Salins, 37 kilomètres.

IX

Le capital du chemin de fer de Lyon arrive au chiffre de 292 millions 500 mille francs, savoir: 132,500,000 fr. en 865,000 actions de 500 fr. libérées avec jouissance de janvier et juillet, et 100 millions en obligations. La compagnie a été autorisée à contracter les deux emprunts suivants par obligations:

1° 80,000 obligations émises à 1,050 fr. portant 50 fr. d'intérêt et remboursables à 1.250 fr. Les tirages ont lieu en septembre et le remboursement des obligations sorties s'effectue le 1er octobre suivant:

2° 100,000 obligations autorisées le 30 avril 1854 et dont l'émission a eu lieu, 50,000 le 20 mars 1856 à 290 fr., portant intérêt de 15 fr. à partir du 1er octobre 1855, et 50.000 en juin 1856, portant intérêt à partir du 1er avril 1856. Les obligations sont remboursables à 500 fr. Les tirages ont lieu en avril, et le remboursement s'effectue le 1er octobre suivant.

Il ne faut pas perdre de vue qu'outre ce capital de 292,500,000 fr., la compagnie actuelle du chemin de fer de Lyon a bénéficié d'environ 100 millions dépensés dans les premiers frais de construction de la ligne, soit par l'État, soit par la précédente compagnie.

Les dix mois de l'exercice de 1852 ont donné une recette de 15,366,998 fr. contre une dépense de 5,289.095 francs: les bénéfices ont donc été de 10.077,903 fr., et la compagnie a distribué un dividende de 7 fr. 75 c.; en 1853, les recettes se sont élevées à 20,272,860 fr.: les dépenses à 6,776,680. La compagnie a ainsi réalisé 13,595,180 fr. de bénéfices, et a distribué un dividende de 25 fr. En 1854, les recettes sont arrivées à 25.269,227 fr., et les dépenses à 8.912.893. Le dividende a été de 35 fr. Enfin en 1855, les recettes ont atteint le chiffre de 41,457,778 francs, et les dépenses celui de 14,901,047 fr Le revenu s'est élevé à 82 fr. 50.

Au 30 juin 1856, la ligne de Lyon présentait sur l'année 1856 un excédent de recettes brutes de 203,674 francs, équivalant à une augmentation moyenne de 65,400 fr. par semaine.

Au 8 septembre courant, cet excédent n'est que de 2,354,527 fr., ce qui ne représente plus qu'une augmentation moyenne de 65,400 fr. par semaine.

Mais cette infériorité n'a pas duré longtemps, et à peine le chemin de Lyon a-t-il été débarrassé du terme de comparaison avec les semaines correspondantes à l'exposition de l'Industrie, qu'il a rapidement regagné son niveau de progression, et que le bulletin de ses recettes a de nouveau constaté une nouvelle augmentation sur l'année précédente.

Le revenu kilométrique du premier semestre avait été de 33,244 fr, soit 1,278 fr. par semaine. Pour les dix premières semaines du second semestre, il s'élève à 1,523 fr., soit près de 20 0/0 de plus en faveur du second semestre, or le premier semestre de 1856 accusait une diminution de 4 28 sur le premier semestre de 1855. Le second semestre de 1856, au contraire, accuse sur les recettes des six premiers mois de 1855 une augmentation de revenu kilométrique d'environ 18 0/0. La semaine dernière, l'augmentation des recettes de Lyon sur la semaine correspondante de 1855 s'est élevée à 278,415 fr.

Malgré cet accroissement progressif dans ses recettes, la compagnie de Paris à Lyon ayant distribué en 1855 la réserve qu'elle avait dû faire pendant la construction, il est propable que pour 1856 le revenu variera de 70 à 75 fr.

La compagnie doit achever de rembourser à l'Etat dans le cours de 1856 en principal et intérêt, la somme de 114 millions fixée par le cahier des charges pour la concession de la ligne de Paris à Lyon.

Les cours des actions du chemin de fer de Paris à Lyon, ont subi, comme l'entreprise elle-même, de nombreuses vicissitudes, et ont cédé à des variations très-agitées. Dans les années 1846 et 1847, elles ont oscillé entre 580 fr., leur prix le plus élevé. et 360 fr., leur cours le plus bas. En 1852, l'exploitation commence, l'avenir de l'entreprise se dessine plus nettement, et les actions regagnent rapidement du terrain, de 570 elles se relèvent à 1.020. Pendant les années 1853 et 1854, elles varient de 900 à 1,050 ; enfin, en 1855, elles atteignent 1,270, et au 31 juillet 1856, nous les trouvons à 1,415. La crise qui vient de passer sur le marché financier s'est naturellement fait sentir sur les actions de Lyon qui sont retombées à 1,300 fr., mais le mouvement de ses recettes leur a rendu une élasticité qui les a reportées de nouveau aux environs de 1,400 fr.

X

Compagnie de Paris à Lyon par le Bourbonnais.

Nous obéissons aux lois de la logique bien plus qu'à celle de la chronologie, en faisant suivre la notice que nous avons consacrée à la compagnie de Paris à Lyon, de celle de la compagnie de Paris à Lyon par le Bourbonnais, qui tient à la première par des liens étroits d'intérêts, et lui emprunte une partie de son existence propre.

Le chemin de fer de Paris à Lyon par le Bourbonnais, comprend 620 kilomètres, dont 253 en exploitation ; le tracé va de Paris à Lyon, par Nevers, Moulins, Roanne, Saint-Étienne et Givors. Il doit s'embrancher sur les lignes d'Orléans et de Lyon à Juvisy et Moret, pour se diriger de là sur Nevers et Roanne, et emprunter jusqu'à Lyon, le chemin de Rhône-et-Loire acheté par le Grand-Central ; il se compose en outre d'une ligne directe de Roanne à Lyon dans la direction de Tarare, et enfin d'un embranchement de Saint-Germain-des-Fossés à Vichy.

Les compagnies de Lyon, du Grand-Central et d'Orléans, par une convention en date du 31 janvier 1855, se réunirent à l'effet de créer entre elles une société en participation, ayant pour objet, la construction et l'exploitation, à frais et profits communs, de la ligne de Paris à Lyon par le Bourbonnais : la concession leur en fut faite le 7 avril 1855. La compagnie d'Orléans céda à la nouvelle compagnie :

1° la section de Juvisy à Corbeil; 2° la section de Nevers à Roanne, et elle reçut comme prix de ces cessions un nombre d'obligations suffisant pour représenter le revenu net de 12,000 fr. par kilomètre pour la section de Juvisy à Corbeil, et de 15,000 fr. par kilomètre pour la seconde section. Sur le montant du revenu net, il sera fait déduction pour le matériel roulant, de 1,200 fr. par kilomètre pour la première section, et pour la deuxième, de 1,500 fr. par kilomètre. La compagnie d'Orléans conserve le droit de conduire ses trains sur la section du Guétin à Nevers, en payant à la nouvelle compagnie la moitié des taxes perçues.

Le Grand-Central a cédé au syndicat formé des trois compagnies sus-nommées, les chemins de Rhône-et-Loire aux charges et conditions où il les possédait lui-même, et il reçoit 131.007 obligations de 500 fr. rapportant 15 fr. d'intérêt pour remplacer, s'il y a lieu, les obligations qu'il a émises lui-même pour la construction des chemins cédés.

La totalité du capital nécessaire pour l'exécution du chemin du Bourbonnais, et pour le rachat des sections cédées, sera représentée par des obligations de 500 fr. à 3 p. 0/0.

La prise de possession du chemin de Nevers à Saint-Germain-des-Fossés, cédé par Orléans, a eu lieu le 1er janvier 1856, en même temps que celle du chemin de Rhône-et-Loire cédé par le Grand-Central.

La prise de possession de la section de Corbeil à Juvisy, s'effectuera lors de l'ouverture de la ligne de Corbeil à Nevers, ou d'une section de cette ligne se rattachant à Corbeil.

Jusqu'à l'époque de la prise de possession, les chemins cédés, ont été, et continueront à être exploités par la compagnie qui les possédait au moment de sa cession.

Les compagnies d'Orléans et de Lyon conservent l'exploitation des sections de Paris à Juvisy, et de

Paris à Moret. Les taxes à percevoir seront réglées par la société nouvelle, et la rénumération due par elle aux compagnies d'Orléans et de Lyon, sera, transaction comprise, des deux tiers des taxes réellement perçues. Il en sera de même entre Saint-Etienne et Lyon, pour les voyageurs et les marchandises en provenance ou en destination du chemin de fer de Lyon à Bordeaux ou de Saint-Etienne.

Le partage des produits de toute nature résultant des rapports directs entre Paris et Lyon et réciproquement, quelle que soit la ligne parcourue par les voyageurs ou les marchandises, doit avoir lieu de la manière suivante :

1° A partir du 1er janvier 1856 jusqu'à l'ouverture de la section de Saint-Germain-des-Fossés à Roanne, trois quarts pour la compagnie de Lyon, un quart pour le syndicat;

2° A partir de l'ouverture de la section de Saint-Germain-des-Fossés à Roanne jusqu'à celle de la section de Roanne à Lyon, deux tiers pour la compagnie de Lyon, un tiers pour le syndicat;

3° Après l'ouverture de la section de Roanne à Lyon par Tarare, moitié pour la compagnie de Lyon, moitié pour le syndicat.

Telle est, en substance, la convention passée le 31 janvier 1855, entre les trois compagnies, pour donner satisfaction à un exigence publique en sauvegardant les intérêts de leurs actionnaires

Les compagnies se sont obligées à exécuter lesdites lignes, sans subvention de l'Etat, et à les livrer à la circulation en huit années, sauf celle de Nevers à Corbeil et Moret qui doit être établie en six ans.

Les cessions faites à la compagnie de Lyon par le Bourbonnais, par les compagnies d'Orléans et du Grand-Central, représentent un prix qui peut être évalué comme il suit :

Section de Nevers à Saint-Germain-des-Fossés.	45,630,000 fr.
Section de Juvisy à Corbeil. . .	2,376,000 fr.
Annuité totale pour la compagnie d'Orléans.	48,000,000 fr.
Section de Roanne à Lyon, obligations émises, prêt de l'État de quatre millions à la compagnie d'Andrezieux, et solde du prix d'acquisition du Grand-Central, .	113,702,000 fr.
Le prix total des sessions faites à la compagnie de Lyon par le Bourbonnais, s'élève donc à un chiffre de	120,905,900 fr.

La société nouvelle a été autorisée à recréer par émission d'obligations remboursables à 500 fr., le capital necessaire pour la construction des chemins et embranchements concédés et acquis par elle.

TABLE DES MATIÈRES

FIN

www.ingramcontent.com/pod-product-compliance
Ingram Content Group UK Ltd.
Pitfield, Milton Keynes, MK11 3LW, UK
UKHW020203200726
13856UKWH00003B/1168

9 782013 051439